口才三绝

——会赞美 会幽默 会拒绝

方士华 编著

民主与建设出版社
·北京·

© 民主与建设出版社，2019

图书在版编目(CIP) 数据

口才三绝：会赞美　会幽默　会拒绝 / 方士华编著
. -- 北京：民主与建设出版社，2019.7
ISBN 978-7-5139-2510-5

Ⅰ.①口… Ⅱ.①方… Ⅲ.①口才学—通俗读物
Ⅳ.①H019-49

中国版本图书馆CIP数据核字(2019)第098571号

口才三绝
KOU CAI SAN JUE

出 版 人	李声笑
编　　著	方士华
责任编辑	刘树民
封面设计	三石工作室
出版发行	民主与建设出版社有限责任公司
电　　话	（010）59417747 59419778
社　　址	北京市海淀区西三环中路10号望海楼E座7层
邮　　编	100142
印　　刷	三河市天润建兴印务有限公司
版　　次	2019年7月第1版
印　　次	2019年12月第4次印刷
开　　本	630毫米×910毫米　1/16
印　　张	12
字　　数	176千字
书　　号	ISBN 978-7-5139-2510-5
定　　价	59.80元

注：如有印、装质量问题，请与出版社联系。

目 录

第一章 会赞美

  第一节 赞美是一门生活艺术 / 002

    用赞美满足人的爱美之心 / 002

    用赞美表达自己的由衷敬意 / 003

    赞美他人要从细节入手 / 006

    赞美他人可采用不同的方法 / 007

    赞美他人引以为荣的事情 / 009

    赞美他人的美好前程和未来 / 011

    赞美不能脱离实际情况 / 013

    真诚的倾听是最好的赞美 / 015

  第二节 赞美助你事业腾飞 / 017

    领导的赞美是一种激励 / 017

    赞美员工不要错过机会 / 019

    赞美员工一定要出自真心 / 021

    赞美下属必须公平公正 / 023

    赞美下属应选择适当的方式 / 024

    下属赞美领导要不卑不亢 / 025

    赞美领导多用请教式赞美 / 027

    赞美领导不能落入俗套 / 030

    赞美领导应有事实根据 / 032

第三节 赞美使你家庭幸福 / 034

赞美爸妈享受天伦之乐 / 034

赞美公婆打造和谐之家 / 037

赞美男友使恋爱更加甜蜜 / 040

赞美妻子使婚姻美满幸福 / 041

赞美爱人与我风雨同舟 / 042

赞美丈夫使生活锦上添花 / 044

赞美孩子使其健康成长 / 046

第二章　会幽默

第一节 幽默使生活妙趣横生 / 050

幽默是一门说话的艺术 / 050

幽默可以提升个人的魅力 / 052

幽默展示你的知识和品位 / 054

幽默是人与人沟通的法宝 / 056

幽默能促使人际关系和谐 / 058

幽默可以摆脱沉闷气氛 / 061

幽默能够使人摆脱困境 / 062

幽默是增进友谊的桥梁 / 066

幽默使人容易获得信任 / 068

第二节 幽默使工作锦上添花 / 070

幽默能融洽上下级关系 / 070

幽默可以缓解工作压力 / 072

幽默能解决工作难题 / 076

幽默能提高经济效益 / 078

幽默使上司笑口常开 / 079

幽默能使你苦中作乐 / 081

幽默为工作带来好人缘 / 082

幽默使你能脱颖而出 / 083
　　　幽默助你获得满意薪酬 / 085
　第三节　幽默智慧的运用提高 / 086
　　　妙趣横生的装傻充痴法 / 086
　　　形象生动的比喻幽默法 / 087
　　　启发想象的假设幽默法 / 090
　　　耐人寻味的谐音幽默法 / 091
　　　借此喻彼的张冠李戴法 / 093
　　　反差明显的夸张幽默法 / 095
　　　一语两用的双关幽默法 / 097
　　　曲解原意的婉曲释义法 / 098
　　　相互比较的对比幽默法 / 100
　　　扭转逆境的类比幽默法 / 100
　　　以物比人的拟人幽默法 / 101

第三章　会拒绝

　第一节　拒绝是一种人生智慧 / 104
　　　拒绝他人并没有错 / 104
　　　拒绝是我们的权利 / 108
　　　拒绝别人的基本原则 / 111
　　　不要轻易给别人承诺 / 113
　　　不懂拒绝的人是可悲的 / 115
　　　你无法令每个人都满意 / 118
　　　不要使自己陷入困境 / 120
　　　拒绝别人不要太生硬 / 123
　　　善于拒绝也是一门学问 / 125
　　　拒绝别人要掌握好策略 / 130
　第二节　职场生存的拒绝宝典 / 139

职场拒绝超负荷工作 / 139

拒绝工作之外的安排 / 142

拒绝侵占你的工作时间 / 145

拒绝你难以完成的任务 / 148

拒绝员工的不合理要求 / 150

拒绝额外的加薪要求 / 152

拒绝不录用的面试人员 / 155

拒绝同事的非常规借贷 / 158

拒绝客户的无理要求 / 162

商业谈判时的拒绝技巧 / 166

第三节　日常生活的拒绝秘笈 / 168

拒绝他人时的面部表情 / 168

拒绝他人时的高冷神态 / 169

拒绝他人时的眉毛动作 / 171

拒绝他人时的眼神交流 / 172

拒绝他人时的动作语言 / 175

拒绝他人时的肢体语言 / 177

拒绝他人时的口语表达 / 181

拒绝他人时几种实战方法 / 182

拒绝他人时的主要禁忌 / 184

第一章
会赞美

每一个人都喜欢别人的赞美。一句赞美的话,可以让成功人士百尺竿头更进一步,也可以让悲观失望的人恍然猛醒奋起直追。确实,赞美的力量是不可小视的。它不仅能给人送去温暖和喜悦,带来需要的满足,还能激发人们内在的潜力,彻底改变他们的人生。

第一节　赞美是一门生活艺术

用赞美满足人的爱美之心

生活中我们需要赞美别人，真诚的赞美，于人于己都是一缕玫瑰的芳香。对于别人来说，他的过人之处，由于你的赞美而变得更加光彩；对于自己来说，你已经被他人的优点和长处所吸引。

19世纪时期，奥地利维也纳上流社会的美女流行一种遮颜的篷帽，这使人们难以区分老年妇女和中青年妇女，在一些宴会上常常出现尴尬的局面。

在一次晚宴上，主持人想出了一个妙招，他对女士们说："为了照顾中老年女士，请年轻的女士们脱下你们的帽子。"主持人刚说完，灯光下已经露出许多俊俏的脸。

这个主持人非常高明，他非常准确地把握住了"爱美之心，人皆有之"这条真理。中老年女士不愿脱帽，是因为怯于她们的色老颜衰被人看到，所以让她们脱帽会有伤大雅，而年轻女士风华正茂，应该极力展现美丽的外貌。

既然你们都爱美，那么就让你们去美吧！主持人用隐晦的方式满足了在场两个群落的爱美之心。

美国心理学家威廉·詹姆斯说："人类本性上最深的企图之一是期望得到称赞。"渴望赞美是深藏于人们心中的一种基本需要。

人人都有闪光的地方，或许没有被发现，或许羞于启齿。中国人的骨子里头多多少少地遗留着儒家的谦恭之气或道家的不争之德，像维也纳的青年女士们把美罩在面纱帽中一样自我陶醉，孤芳自赏。其实心里总是希望别人合理地"揭发"自己的"美"，让风采普照周围。但是却无形中慑于世俗的礼节，囿于当下的风雅。

但不管怎样，在灯光下，当维也纳年轻女士在为自身美的解放心中暗喜时；老年的女士们也将自己的容颜罩在纱中时；主持人为自己的成功感到骄傲时，我们可以想知：这赞美给整个环境带来了多少的愉悦！

赞美的重要之处，就在于我们都会从中得到一缕玫瑰的芬芳。如果你是像上面说的主持人一样的角色，那么你就满足了别人隐蔽的渴望。或许他人的喜悦会使你获得一点欣慰，但你更应该清楚：你的赞美给他人带来了快乐，这已经足够了。

赞美是沟通人类爱美天性的契机。你想使自己的人生游刃有余地成功吗？首先，学会赞美，你成功后就会实实在在地叹服于它的巨大威力。

用赞美表达自己的由衷敬意

赞美有直接赞美和间接赞美两种，直接赞美是生活中比较常见的赞美方式，即将自己的赞美之情直接说过对方听。而间接赞美则通过一定的中介，将自己的赞美之情表达出来，它比直接赞美更具有说服力。

假借别人之口来赞美一个人，可以避免因直接恭维对方而导致的吹捧之嫌，还可以让对方感觉到其所拥有的赞美者为数众多，从而心里获得极大的满足。在生活中，要善于借用他人，特别是权威人士的言论来赞美对方，以达到间接赞美他人的目的。

权威人士的评价往往最具说服力，因此引用权威言论来赞美对方，是最使对方感到骄傲与自豪的，如果没有权威人士的言论可以借用，借用他人的言论也会收到不错的效果。

1997年，金庸与日本文化名人池田大作展开了一次对谈，对谈的内容后来辑录成书出版。在对谈刚开始时，金庸表示了谦虚的态度，说："我虽然跟过去与会长对谈过的世界知名人士不是同一个水平，但我很高兴尽我所能与会长对话。"

池田大作听罢赶紧说:"你太谦虚了。你的谦虚让我深感先生的'大人之风'。在您的72年的人生中,这种'大人之风'是一以贯之的,您的每一个脚印都值得我们铭记和追念。"

池田说着请金庸用茶,然后又接着说:"正如大家所说'有中国人之处,必须金庸之作',先生享有如此盛名,足见您当之无愧是中国文学的巨匠,是处于亚洲巅峰的文豪。而且您又是世界的'繁荣与和平'的香港舆论界的旗手,真是名副其实的'笔的战士'。《春秋左传》有云:'太上有立德,其次有立功,其次有立言,是之谓三不朽。'在我看来,只有先生您所构建过的众多精神之价值才是真正属于'不朽'的。"

池田大作真不愧一位文化名人,在赞美他人时也独有高招,在这里他主要采用了借用他人之口进行间接赞美的赞美方式。这里的"有中国人之处,必有金庸之作",此外还有"笔的战士","太上……三不朽"等,都是一些经典言论,借助这些言论来称赞金庸,既不失公允,也恰到好处地赞美了金庸一番。这比起直接赞美金庸的文学成就显然要胜出好几筹。

另外,还可以用具体的事实来表达赞美之意。用讲述事实的方式进行赞美,从实际生活中选取实例,以此来证明对方的价值,把赞美之意寓于生动朴实的事例之中。事实胜于雄辩这样的赞美方式显得亲切生动,感情真挚,具有很大的震撼力,也不会让人产生肉麻、吹捧的感觉,因此更容易打动对方。

中央电视台主持少儿节目的鞠萍是小朋友们最喜欢的节目主持人之一。她主持的《七巧板》节目开始播出后,一位老人写信说:"您可知道,每逢您主持的节目一开始,我们家人和我5岁的孙子曹雷,都坐在电视机前,甚至大人说话他都要制止,神情专注地听您讲解。你对少儿的耐心和温和言行举止,给孙子的影响太深了。有一次他做错了事,气得我要打他,他说:'爷爷,您别打我,鞠萍阿姨从不打她身边的那些孩子。下回我听话了,听您的话,听鞠萍阿姨的话……'"

在这里,老人并没有直接地对鞠萍所主持的节目大加赞美,而是借用5岁孙子对于这个节目的痴迷,以及节目对于孩子日常生活的影响来赞扬,读起来真实,亲切,富有感染力。

赞美他人,也可以采用与之相关的人与事。例如,赞美一位女性,你可以赞美她的孩子能干、有出息,也可以赞美她的丈夫出色、婚姻美满。因为男人的成功更多地体现在事业上,而女人的成功则更多地体现在婚姻上,不过也有少数人例外。

以此类推,赞美一位男子,你也可以通过赞美他的太太漂亮、贤惠,而达到赞美他的目的。澳大利亚的心理学家贝维尔曾说过:"如果你想赞美一个人,而又找不出他有什么值得赞扬之处,那么,你大可赞美他的亲人或和他有关的一些事物。"

当然,如果有必要,还可以让他人替你转达赞美之意。在日常生活中,背着他人赞美他往往比当面赞美更让人觉得可信。因为你对着一个不相干的人赞美他人,一传十,十传百,你的赞美迟早会传到被赞美者的耳朵里。这样,你赞美的目的也就达到了。众所周知的廉颇与蔺相如的故事,就体现了这种赞美方式所产生的重大作用。

蔺相如和廉颇是赵国的重臣,渑池会见之后,蔺相如被封为上卿,位居廉颇之上。廉颇心中很不服气,气愤地说:"我身为大将,有攻城略地的大功,而蔺相如只不过靠耍嘴皮子,就位居我上,我怎甘心?"并扬言要借机羞辱他。

而蔺相如对廉颇却处处忍让,他说,廉将军是我国的戍边大将,我非常尊重他。但我并不是怕廉将军,而是怕我和廉将军相斗,让秦国得利,使国家吃亏。蔺相如的这些话传出去,廉颇听到非常感动,遂亲自上门请罪。可见，间接赞美对于化解矛盾，协调人际关系都大有好处。

俗话说："雾里看花花更美"。间接赞美比直接赞美更能够体现我们的诚意。不过，间接赞美时应顾及现场，如有旁人在场，措词一定要掌握好分寸，以免弄巧成拙，使旁人产生难堪和嫉妒的心理。

赞美他人要从细节入手

当有人对我们高度评价的时候，我们往往很难抵御自己心中对这个人的喜爱。人就是有这种心理。如果我们善于把握这种心理，那么，我们就会大大方方地夸奖别人，赞美别人。

在这种时候，我们的夸奖与赞美，会对我们有利。当然，夸奖与赞美的时候，一定要做得真实可信，不要让人觉得你在故意谄媚。否则效果可能适得其反。赞美他人，要从细节入手，要抓住他人的闪光点。

赞美需要真情，而细微之中更容易显现真情。所以，有经验的人常常抓住某人在某方面的行为细节，巧施赞美和感谢。这样很容易博得对方的好感。其实对方之所以在细节上投入那么多的心思与精力，一方面说明对方对此重视，另一方面说明对方渴望这一部分努力能够得到别人的关注与赏识，能够得到应有的报偿与肯定。

因此，我们在交际中应善于发现细微处的用意，不失时机地以赞美和感谢来回报对方，这不但会带给对方巨大的心理满足，而且会加深彼此情感沟通和心灵默契的程度。

法国总统戴高乐在1960年访问美国时，在一次尼克松为他举行的宴会上，尼克松夫人费了很大劲布置了一个美观的鲜花展台：在一张马蹄形的桌子中央，鲜艳夺目的热带鲜花衬托着一个精致的喷泉。

精明的戴高乐将军一眼就看出这是主人为了欢迎他而精心设计制

作的，不禁脱口称赞道："女主人为举行一次正式的宴会要花很多时间来进行这么漂亮、雅致的计划与布置。"

尼克松夫人听了，十分高兴。事后，她说："大多数来访的大人物要么不加注意，要么不屑为此向女主人道谢，而他总是想到和讲到别人。"可见，一句简单的赞美他人的话，会带来多么好的反响。

戴高乐贵为元首。却能对他人的用意体察入微，这使他成了一位格外受尊敬的人。面对尼克松夫人精心布置的鲜花展台，戴高乐没有像其他大人物那样视而不见，而是即刻领悟到了对方在此投入的苦心，并及时地对这一片苦心表示了肯定与感谢。戴高乐赞美的言语虽然简短，但很明确，尼克松夫人深受感动。

赞美他人可采用不同的方法

卡耐基曾说过："当我们想要改变别人时，为什么不用赞美来代替责备呢？纵然部属只有一点点进步，我们也应该赞美他，因为，那样才能激励别人不断地改进自己。"

赞美他人，绝对算得上是一件好事，但绝不是一件容易的事。我们在赞美别人的时候，需要审时度势，还需要掌握一些方法.否则，即使你是真诚的，也会将好事变成坏事。

不同的人在赞美别人的时候，会用到不同的方法：有的人喜欢采纳直接的赞美方式："你真是太漂亮了"；有的人喜欢使用比较意外的方式："今天的菜格外美味，你的厨艺越来越好了"；有的人喜欢背着别人的面赞美他人，等到这话传到了当事人的耳朵里，效果却是出奇的好。

如何才能使赞美发挥出应有的效果，如何才能通过赞美来打动他人，这就需要我们在赞美他人时讲究一定的方法。方法对了，赞美的效果就会出来了，那时，你还会担心打动不了人心吗？

小王在与同事聊天的时候，随意说了几句上司的好话："张经理这个人真不错,处事比较公正,我来公司一年多了,他在各方面对我的帮助都挺大的,能够有这样的上司,真是我的幸运。"

没过多久,这几句话就传到张经理的耳朵里,令经理心中既欣慰又感动,就连那位同事在向经理传达这几句话的时候,都忍不住夸赞一番:"小王这人真不错,心胸开阔,难得啊。"

年底分发奖金的时候,小王觉得自己这一年表现很不错,想争取一下。因此,他敲开了张经理的门,经理满脸热情:"小王,有什么事吗?"小王有些不好意思:"张经理,又来麻烦你,真是不好意思。那个发年底奖金的时候,我想争取一下,你看我合格不?"张经理笑了起来:"这事啊,好说,我老早就觉得你小伙子不错,放心,这件事我一定放在心里。"

有时候,在背后说他人的好话的功效比当面说似乎更有效果,小王那看似随意的几句话却是有意策划的,这样,自己在张经理心中的形象一下子就提高了,办事自然就容易多了。

其实,背后赞美他人比当面恭维的效果好得多,如果当面赞美,有可能会被认为是拍马屁,同时,对方脸上也会挂不住,会觉得赞美不够真诚。

那么,趁着对方不在场的时候,赞美几句,总有一天,这话会传到对方耳朵里,其心里自然是美滋滋的,这样一来,打动人心的目的也达到了。下面,我们就列举几种简单的赞美他人的方法:

1. 出人意料的赞美。赞美来得比较突然,也会令人惊喜。比如,丈夫下班回家后,见妻子已经摆好了饭菜,不妨称赞妻子几句.妻子本来看似应该的行为,却受到了丈夫的赞美,作为妻子来说,心情是愉悦的。而且,在生活中,如果你赞美的内容出乎意料,也会打动对方的。

2. 直接的赞美方法。在生活中常见的赞美方法就是直接赞美,比如下属与上司、老师对学生、长辈对晚辈等等,这样直接的赞美方法比较及时、直接,能够很好地鼓舞他人。如果你发现了对方身上有什么特点,不妨直接告诉他"你最近工作业绩不错,快破了上个月的销售记录了,继续努力"。

3. 夸张的赞美方法。夸张的赞美方法又称为激情的赞美方法,拿破仑曾这样赞美他的妻子:"从来没有哪个女人像你这样受到如此忠贞、如此火热、如此情意缠绵的爱。"在这里,赞美可以使你获得爱情,同时,还可以缓和矛盾。那些无法掩饰的赞美之情,使得我们的另一半十分受用和满足。

4. 间接的赞美方法。有直接的赞美方法,就有间接的赞美方法。在日常生活中,如果我们想赞美一个人,不便当面说出或没有适当的机会向他说出的时候,你可以在他的朋友或家人面前,适当地赞美一番.而且,这样赞美收到的效果将会更好。

比如,当着下属的面赞美另一位员工"我觉很小王挺不错的,工作很认真,踏实能干,我很欣赏他",等到这些话传到了员工耳朵里,他肯定会加倍努力工作来表达内心的感激。

赞美他人引以为荣的事情

有人认为,人,不过是组成历史的符号而已,同时在每个人发展成长的历史中,又充满着历史的记录。其中不乏自己引以为自豪,刻骨铭心的事情。对于这些事情,每个人都希望得到别人的首肯,如果可以得到其较高的评价和赞美,更是让人产生弗洛伊德所说的那种重要人物的感觉,以此为荣。

了解他人所引以为荣的事其实很简单。如果是经常来往接触的人,他的言谈中常常会流露出一些线索:"在国外的时候……""当年我年轻时……""我上大学的时候……"所以,一个人真正引以为荣的事情是常常挂在嘴边的。

对于陌生人,则可以通过其职业、所处环境、年龄及历史年代大致判断其引以为荣的事情范围:一位将军引以为骄傲的资本往往是他取得的赫赫战功,或者是某次著名战役给他身上留下的一个枪眼;一个历史教授则必然对自己发表的论文和专著引以为荣。

如果我们想对历史教授尽一点赞美之意,不妨说:"教授先生,你的学术论文和专著,在历史学界颇有影响力,久仰大名。"

律师则会以自己办的影响较大的案子而得意，碰到律师你可以说："能做律师的人不简单，你办的好几个案子都非常出色。"

即使是一个农民，也会为今年只有他多种了西瓜，又碰上西瓜涨价而有几分成功感，你买瓜时不妨说："老兄，你真有眼力，今年这西瓜行情算是让你瞅准了。"

赞美一个人引以为荣的事情，可以使他接受你的建议，从而改正自己一些错误的行为，让我们来看一个利用赞美过去而劝谏的例子。

楚汉之争的结果是刘邦打败了项羽，刘邦心里自然很骄傲，常常问群臣为何能打败项羽这个问题，群臣深谙刘邦胜者为王的心理，于是对他赞美不已，刘邦遂产生了自满情绪，执政的积极性慢慢懈怠下来。

一次他生病后整日留在后宫中，下令不见任何人，不理朝政。周勃、灌婴等许多身经百战的元勋都找不到办法。大将樊哙想出一个点子，闯进宫中进谏。

他掷地有声地对刘邦的过去进行了一番赞美：想当初，陛下和臣等起兵丰沛定天下之时，是何等豪情壮志！上下团结，同甘共苦，打败了项羽，建立了汉朝基业。

几句话激起了刘邦的自豪之情，然后樊哙话锋一转：现在天下初定，百废待兴，陛下竟这般精神颓废，群臣皆为陛下之病终日恐慌不安，陛下却不见大臣，不理朝政，而独与太监亲近，难道就不记得赵高祸国的教训吗？

樊哙既称赞又巧妙地批评了刘邦，欲扬先抑，一片肺腑之言，终于使刘邦专心朝政，使百姓休养生息，汉朝一片欣欣向荣的景象。

在这里樊哙正是通过刘邦引以为荣的历史进行劝谏的，终于达到了说服刘邦勤政的目的。

经常赞美老人一生中引以为荣的事情，可以使老年人更加幸福。

老年人奋斗一生，历经沧桑，如果你不了解、不赞美他们一生的成果，他们就会感到失望，许多老年人喜欢在晚辈面前谈起自己曾经历过多少风风雨雨，自己是如何艰难创业的，除了对你有教育意义之外，更希望得到晚辈的崇敬和赞美。

称赞一个人引以为自豪的往事必须注意以下三点：一是赞美的语言要表达准确，不能偏离事实。二是赞美必须是由衷的肺腑之言。三是赞美时要专心致志，让被赞美者感到你在分享他的快乐和光荣。正所谓"与人善言，暖若锦帛"，一拍即合的赞美艺术由此能达到至高的境界。

赞美他人的美好前程和未来

美好的前途，是人人都向往的。婴儿呱呱坠地之日起，就背负起了父母的殷切希望。从刚走进校门起，就开始立志成才，长大后要当医生、科学家、文学家……长大成人步入社会后，每个人都会为自己的将来设计蓝图。前途是一个既遥远又具体的东西，既不能确定它是什么样子，又会在现实中找到些许迹象。

每个人都很注意别人对自己的前途的预测和评价。也正因为如此，才产生了到现在兴旺依旧的算命先生。在现代社会，虽然我们以科学破除迷信，但赞美他人的前途和未来，仍是赢得别人满意的一大技巧。

伟人毛泽东的一句"你们是八九点钟的太阳，希望寄托在你们身上"曾鼓舞了几代青年人。在父母面前夸其子女有出息，将来准成大器，全家都会满心喜悦，甚至把话当真。

赞美一个人的前途会使他备受鼓舞，信心十足。同时你的权威形象也无形中塑造起来，将来他成功之日，他的大脑中第一个闪现的形象很可能就是你当年的样子。这就是我们经常说的"一句好话三冬暖"。如果说赞美他人前途是暖及三冬之举，那么在一些特殊的场合抓住他人生活中的一些细枝末节加以粉饰就是更高一着的险奇之道了。

日本著名心理学家多湖辉先生在一本书里举了这么一个例子：

有位杂志社的记者,有一次去采访一位地位很高的财经界人士。话匣一打开,就首先称赞对方的经济手段如何高明,继而想打听一些成功的奥秘。但由于这是初次采访,不能很快接触到问题的实质。

这时,那位记者灵机一动,将话题一转,说道:"听说贵经理在业余时间很喜欢钓鱼,在钓鱼方面也是行家里手。在下偶尔也喜欢钓钓鱼,不知道你是否可以介绍一些这方面的经验?"那位大人物一听此话,笑脸顿开,侃侃谈起钓鱼经来。结果不消说,宾主双方俱欢,尔后采访中自然方便不少。

从这位大人物的心态来看,因为所处的地位,有关经营方面的"高帽子颂歌"已经听得耳根生茧了。而这个记者想到人物的另一面,从该大人物的业余生活开始入手,最后完满地达到预期目的,其手段令人叹为观止。

在这个例子中,我们可以看到得体的赞美行为的确威力无穷,可以自然地减轻我们交际的阻力。

包拯就任开封知府后,要选一名师爷。经过笔试,包拯从上千人中挑选了十个很有文才的人。第二个程序是面试,包拯把他们一个跟一个叫进去,随口出题,当面回答。

包拯面试题目出得也很别致,前面九个一一进去后,包拯指着自己的脸对他们说:"你看我长得怎么样?"那九个人抬头一看包拯的脸庞,吓了一跳:头和脸都黑得如烟熏火燎一般,乍一看,简直就像一个黑坛子放在肩上;两只眼睛大而圆,瞪起来,白眼珠多,黑眼珠少。

他们想:如果把他的模样如实讲出来,那他一定会火冒三丈,那还能当师爷,说不定还会遭一顿打呢!不如循守常道,恭维一番,讨他个喜欢。于是一个个恭维他眼如明星,眉似弯月,面色白里透红,纯粹是一副清官相貌。气得包拯将他们一个个赶走了。

第十个应试者进来了,包拯也问相同的问题。那个应试者向包拯打量了一番,说道:"老爷的容貌嘛……""怎么样啊?""脸如坛子,面色似锅底,不仅说不上俊美,实在该说是丑陋无比,特别是两眼一瞪,还有几分吓人呢?"

包拯一听,故意把脸一沉,喝道:"放肆,你竟敢这样说起本官来了,难道就不怕本官怪罪于你吗?"

那人答道:"老爷您别生气,小人深信只有诚实的人才可靠,老爷的脸本来就是黑的,难道别人说一声美就变美了吗?老爷虽然相貌丑陋,但心如明镜,忠君爱国,天下人皆知包青天的美名,难道老爷没有见过白脸奸臣吗?"

一席话说得包拯心中大喜,即日便任命他为师爷。

这个应聘者之所以成为十个顶呱呱的才子中的幸运者,是因为他的赞美更加有远见,足见其洞察力不一般,通过对他人真诚的赞美,由缺点推到优点,最终成为赞美他人的受益者。

赞美就像武侠小说中描绘的无影脚、隐身法,能在自然的程序中毫不矫揉造作地制胜,的确是大智若愚、高瞻远瞩之举。

赞美不能脱离实际情况

意大利剧作家哥尔多尼曾说过:"过分的赞美会变成阿谀。"因此,在赞美他人时一定要坚持适度的原则。夸奖或赞美一个人时,有时候稍微夸张一点更能充分地表达自己的赞美之情,别人也会乐意接受。但如果过分夸张,你的赞美就脱离了实际情况,让人感觉到缺乏真诚的东西在里面。

因为直接的赞美是比较朴实的,发自内心的。只有恭维讨好才是过分夸张和矫揉造作的。而这些又往往会引起人恶心。

人人都渴望得到他人的赞美,但却不是人人都喜欢夸张的恭维。而现实往往又是相互矛盾的。菲力普有一句名言是这样说的:"很多人都知道怎样奉承,但很少有人知道怎样赞美。"在现实生活中,越是知识层次高、品位高、素质高的人，越不喜欢夸张的恭维。

据说有一个年轻人曾经给恩格斯写了一封热情洋溢的信，信中称赞恩格斯是一位无与伦比的革命导师，一位伟大的思想家，甚至称其为马克思的再现等，恩格斯并没有因为这封信而有丝毫的感动，反而生气地回信说："我不是什么导师，思想家，我的名字叫恩格斯。"

恩格斯作为一位杰出的思想家，他不喜欢别人赞美他时似乎有些夸张的词汇。又因为他和马克思几十年的友谊，他是非常尊敬马克思的，当然会忌讳别人称他为"马克思的再现。"

历史上有一位臭名昭著的马屁精冯希乐，他是一个热衷于夸张拍马的人，有一次，他去拜访长林县令，赞叹道："仁风所感，猛兽出境。昨日入县界，见虎狼相尾而去。"

刚夸过不久，就有村老来报告："昨夜大虫连食三人！"长林县令很不高兴地责问冯希乐，究竟是怎么回事？冯希乐面红耳赤地回答说："野兽迁徙也须吃喝。这不过是顺路掠食罢了。"

冯希乐夸张得脱离了实际情况，无视野兽吃人的本性，信口雌黄，说野兽已被县太爷的仁义教化所感动，所以离县而去，结果是抡起巴掌，自己打自己的脸，这就是所说的轻言取辱。

赞美他人的正确态度应该是实事求是，朴素真诚的。因为大凡有涵养的人，都比较喜欢自然朴实的赞美。费孝通与夫人王同惠一段往事演绎了一个很生动的故事。

1933年，在燕京大学社会学系的同学聚会上，王同惠和费孝通就人口问题发生了一次争论。费孝通为了说服她，就把一本关于人口问题的书作为圣诞礼物送给了王同惠。

王同惠后来对费孝通说："是你的这件礼物打动了我这颗'凡

心',觉得你这个人不平常。"费孝通听后很自豪,赞叹自己遇到了知己,他后来说:"这个评价成了我们两个人的结合剂,也就是牵引了我们两人一生的这根线。一个赏识'不平常'的人,而以此定情的人,也不可能是一个平常的人。"

后来,费、王二人结为连理。这两个人对于对方的评价都只有三个字"不平常"。没有华丽的辞藻,也没有夸张的言辞,但却深深地打动了彼此。

过分的夸张对于被赞美者来说,也是有百害而无一利的。高尔基曾经说过:"过分的夸奖一个人,结果就会把人给毁了。"

因为过分的夸奖,往往会使被赞美者不思进取,误以为自己已经是完美无缺了,从而停止了前进的脚步。众所周知的方仲永,小时候因为天资聪慧,于是别人就称其为天才,其父则四处带他去走访宾客,结果至其长大以后,才能"泯然众人矣"。跟别的人没有什么两样了。

俗话说:"金无足赤,人无完人。"没有一个人是十全十美的。在赞美他人时切忌夸张恭维,要做到这一点,首先必须端正态度,不要将赞美与溜须拍马混为一团;其次赞扬对方的同时,不要忽视了他的缺点和不足,最好能把鼓励与赞美结合起来,这样才能充分发挥赞美的积极作用。

真诚的倾听是最好的赞美

在生活中,你和别人是两个交际的主体,在共同演一出戏。如果我们都想一直扮演主角,那么总会有一些冲突。所以,在交际中也需要有人演配角。如果你想驰骋于交际场中春风得意马蹄疾,那么有些时候,配角便是必不可少的选择之一,你必须把自己当成一株小草,衬托出大树的威仪高大。

20世纪,纽约的电话公司,曾对电话中的谈话内容作了一项详细的研究,想找出哪个词在电话中被提到的次数最多。研究结果令人惊讶,这个词竟然是"我",在500次的通话中,这个词出现了3955次。

如果你拿起一张你也在内的集体照片,会最先看谁呢?一定是你自己。但如果你在别人面前表现自己,使别人对你感兴趣,那么必然会得到相反的结果:你将永远不会有许多真实而诚挚的朋友,你将永远不会有持久的成功。

著名学者以利亚说:"关于成功的商业交往,没有什么神秘……专心注意对你讲话的人极为重要,没有别的东西会如此使人开心。"

一些挑剔的人,甚至最激烈的批评者,常在一个忍耐的静听者面前软化降服。所以如果你想成为一个健谈的人,你首先得学会静听;你想让别人对你的赞美感兴趣,那你先得让人感到有情趣。问别人喜欢答的问题,赞美他取得的成就。

忘记自己。而不能忘记你对面正在谈话的人,对他的兴趣必须超过对自己一百多倍。此时无声胜有声,没有赞美之辞胜于有赞美之辞。倾听别人是最好的赞美与认可。

作为一名诚挚的听众,你要懂得这种无声的赞美是如何取得效果的。当然不只是仅用耳朵来完成。

首先要用心去听。每个人都是一个独特的世界,都是一道艳丽的风景,要懂得去欣赏。在感到乏味时想一想,人们肯去欣赏草原羊群,去欣赏碧海长空,春江潮水,然后发出啧啧的赞美,为什么就不肯去看人和听人说话呢?所以,听,不只是耳朵,还要用心。心不到,满耳只是单调乏味的噪音。

其次是用脑去听。这时你必须像一个聪明绝顶的侦探,判断对方真正想要说什么,要什么,回避什么,何时是真情流露,何时是欲言又止。听人说话就像看相,要通过表面上的零星碎片来找出隐藏起来的实质。语言是智力游戏的产品,其极致之处匿于弦外之音中,不要让别人感到他是在对牛弹琴一般,而是要让他感觉是面对一个知音在进行真情流露。

再次是用表情传达你倾听的效果。同一句话,伴以不同的表情就会表达不同的含义,说者用语言,但同时也在用表情、声调、手势来诉说。听者无言,但他的目光、嘴角、下巴却说出了很多,好的倾听者应该是积极的参与者,可用面部表情来影响交流过程。

最后是用嘴。听者用嘴,自然有说话的权利,如果你在听的过程中,在适当的时候对别人的言论表示赞同,那将会使你的倾听显得更加有诚意。

真诚的倾听是最完美的赞美,你是情境中的配角,你表现出一副毕恭毕敬的样子;他人是情景中的主角,他可以用语言表露出一切优缺长短。但是你必须明白关键的一点,是你的倾听让他如此滔滔不绝地讲下去,是你无声的赞美让他对你心悦诚服以至给你需要的全部。退一步海阔天空,你可以以配角的身份有幸看到鹰击长空、鱼翔浅底的美景,像真诚赞美他人一样舒畅。

第二节　赞美助你事业腾飞

领导的赞美是一种激励

赞美是管理者激励员工的一项重要技巧。其实,人们工作是为了更好地生活,有金钱和职位等方面的愿望。除此之外,更加追求的还有个人的荣誉。一份民意测验显示,98%的人希望领导给自己好的评价,只有2%的人认为领导的赞美无所谓。当被问及人为什么工作时,92%的人选择了"个人发展的需要"。

作为管理者要明白,人发展的需要是全面的,不仅包括物质利益方面,还包括名誉、地位等精神方面。

在一个企业里,大部分人都能兢兢业业地完成本职工作,每个人都非常在乎管理者的评价,而管理者的赞美又是员工最需要的激励。一般说来,管理者赞美员工有下列三个方面的激励作用。

1. 赞美可以使员工认识到自己在群体中的地位和价值

员工工资收入都是相对稳定的,人们不会在这方面费很多心思。但人们都很在乎自己在管理者心目中的形象,对管理者的看法非常敏感。因为,管理者的表扬与赞美往往具有权威性,是确立自己在本单位同事中的位置的依据。

有的管理者善于给员工就某方面的能力排座次,使每个人按不同的标准排列都能名列前茅,可以说这是一种匠心独具的激励方法。比如,某单位的领导赞美小马是单位第一位博士生,小李是单位"舞林"第一高手,小赵是单位计算机专家等。人人都有个"第一"的头衔,人人的长处都得到肯定,整个集体几乎都是由各方面的优秀分子组成,能说这不是一个领导有方、充满激励的集体吗?

2. 赞美可以满足员工的荣誉心和成就感

常言道:"重赏之下,必有勇夫。"但是,奖金作为一种物质激励方法,有很大的局限性。奖金不是随意发放的,员工的很多优点和长处也不适用于物质奖励。相比之下,管理者的赞美不需要冒多少风险,也不需要多少本钱或代价,就能很容易地满足一个人的虚荣心和成就感。

无论员工所完成的事属于重要抑或次要,都应给予一定的称赞,例如"我没选错人""你又一次成功了""这是你的功劳"等,员工才会有成就感和继续努力工作的欲望。

如果一个员工很认真地完成了一项任务或做出了一些成绩,虽然此时他表面上装得毫不在意,但心里却默默地期待着领导对自己进行一番嘉奖,而管理者一旦没有关注,不给予公正的赞美,他必定会产生一种挫折感,对管理者也会产生看法,"反正领导也看不见,干好干坏一个样"。这样的管理者,怎能调动起员工的积极性呢?

管理者的赞美是员工工作的精神动力。同样,一个员工在不同管理者的指挥下工作劲头判若两人,这与管理者是否善于使用赞美的激励方法密不可分。

> 魏征是唐朝很有才能的一个人,原来侍奉皇太子李建成,因为直言进谏而不受李建成的赏识,李建成不仅对他的建议漠然处之,有时还批评他。李世民掌权后,很器重魏征,为了鼓励魏征直言进谏,李世民每次都很虚心地听他献策,并经常赞美他敢说真话实话。
>
> 在唐太宗的赞美和鼓励之下,魏征至诚奉国,竭尽所能,知无不言,先后共陈言进谏200多次。后来,唐太宗说:"以铜为镜,可以

正衣冠；以古为镜，可以知兴替；以人为镜，可以明得失。我以魏征这样的良臣为镜，也就不糊涂，可以少做错事了。"

3. 赞美能够消除员工对管理者的疑虑与隔阂

有些员工长期受管理者的忽视，管理者既不批评他也不表扬他，时间长了，员工心里肯定会嘀咕："领导怎么从不表扬我，是对我有偏见还是妒忌我的成就？"于是，同管理者相处时不冷不热，注意保持距离，没有什么友谊和感情可言，最终形成隔阂。

管理者的赞美，不仅表明了对员工的肯定和赏识，还表明管理者很关注员工的事情，对他的一言一行都很关心。

有人受到赞美后，常常高兴地对朋友讲："瞧我们的头儿，既关心我又赏识我，我做的那件连自己都觉得没什么了不起的事，也被他大大表扬了一番。跟着他干气顺。"双方互相都有好的看法，能有什么隔阂？能不团结一致拧成一股绳把工作搞好吗？

赞美员工不要错过机会

每个人都渴望得到赏识，无论是身居高位的人，还是地位卑微的人；无论是刚入单位上进心正强的小青年，还是升迁无望即将退休的老人。即使是每天都板着脸的人，赞美他时，他的面部肌肉也是放松的，因为人们普遍能接受赞美他的人。

知道了赞美的巨大力量，作为管理者就不必吝惜赞美，不妨自然大方地赞美员工。只要发现他们工作突出，就应立刻不失时机地给予赞美，不见得非要是惊天动地的大事。

例如，秘书起草的报告、文件书写得非常潇洒漂亮，可以赞美她的心灵手巧；看见车工师傅磨的车刀非常锋利，可以赞美他的技艺超群；看见锅炉工拾煤渣，可以赞美他的勤俭作风；对提批评意见的员工，即使提得不正确，也可以赞美他对单位的责任感。如果你留心，就会发现人们不少优点，都值得赞美。

美国著名财经杂志《福布斯》的领导人深深懂得赞美的奥妙,因此总是及时运用"赞美"这一武器。布鲁斯·福布斯是个很有魅力的人,他和员工接触很多,大家对他的印象都非常好。

在发圣诞节奖金的时候,为了避免给人以施舍的印象,他会走到每个人的桌子前面,连邮递室的员工也不漏掉,然后握住他们的手,真诚地说:"如果没有你的话,杂志就不可能办下去。"

这句话让听到的每个人都感到心中温暖如春,油然而生一种敬业感和责任感。

马孔·福布斯同样深谙此道,而且运用得更为巧妙。有一次,《IAI周报》的承包印刷商送给马孔·福布斯一瓶香槟,恭贺这份刊物的订户超过2.5万大关。马孔·福布斯当即派人把那瓶香槟送给雷·耶夫纳,并且还在上面附了一张纸条说:"这是你的功劳。"

当时,《IAI周报》在雷·耶夫纳的调整下,重振雄风。而收到这份意外礼物,雷·耶夫纳自然会加倍努力了。

《福布斯》的领导人之所以不吝惜赞美,是因为他们深知唯有管理者和员工的关系和谐,才能增加企业组织的正能量。正如《福布斯》的创始人柏地·福布斯提到的,他对于值得夸奖的人绝不会吝惜夸奖,因为"一般人一被夸奖,就算他没那么好,他也会因此尽力做好的"。

有些员工经常对领导溜须拍马,并以此为天经地义的事,而要让领导拍员工的"马屁",就有点儿让人难以接受了。其实,出于把单位搞好的目的,管理者对员工奉承也是有道理的。

一般人总爱听赞美话,聪明的管理者就不妨大方点,不要放过每一次机会,多赞美员工吧!"这个意见不错,就这样做吧!""真棒,你给我提供了一个好办法",此后,他会更努力地为你付出。

赞美员工一定要出自真心

人们希望得到赞美，赞美能真正显示他们的价值，即人们希望你的赞美是经过思考的结果。可以说，赞扬是经过思考的结果，是真正把他们看成是值得赞扬的人，是你花费了精力去思考才得出的结论。

赞美或赞扬的价值在于真诚。不要以为赞扬便是"灵丹妙药"，包医百病。在员工没有好的表现和成绩时，若随便对其施加一通赞扬，反而会起到反作用。

用"诚恳""诚心诚意"的字眼看似多余，其实不然，你对员工的赞赏必须诚恳地、真实地、真诚地表现出来，如果不真诚人们一下子就能看出来。

1. 赞美要得体

赞美是贴近人的本性的激励方法，得体的赞美，会使你的员工感到很开心、很快乐。它是一种博取好感和维系好感最有效的方法，还是促进他人继续努力的最强烈的兴奋剂。

以温言轻语来褒奖他人，会让对方产生接纳的态度。如果有一天你对员工说"公司对你的工作很满意，你安心努力做下去吧！"他会觉得这一句话比后来你增加他工资还要感到高兴。

得体的赞美要求你对员工的赞赏必须是诚恳的、真实的和真诚的。假如不是出于诚意，就不要说出来。管理者亲自表达赞赏非常有意义，亲自送达感谢信比邮件的方式更有意义，在一个员工的同事面前直接赞扬他就显得更加重要。

值得注意的是：赞赏不要过火，要事出有因，且在适当时候给予奖励来认同。如果你做得过于频繁，这一行为就会失去其重要性和价值，要让赞赏成为一种殊荣。

2. 赞扬员工要持平等的态度

放下"架子"是管理者赞扬员工的前提条件。对于员工而言，管理者本来就高高在上，具有一种相对的优势。如果管理者不注意自己的"架子"问题，摆出一种高高在上可望而不可及的姿态,势必在自己与员工之间划出一条鸿沟,不可能进行情感交流和沟通,其称赞也不可能做到自然,更不可能引起员工的心理共鸣。

3. 赞扬具体的事情

赞扬员工要切合实际,既达到沟通的目的,又不违反客观的事实。如果确实不了解对方,暂时无法实现思想的沟通,不如从具体事物入手,达到感情的沟通。

其实,赞扬员工具体的工作,要比笼统地赞扬他的能力更加有效。首先,被赞扬的员工能清楚是因为什么事情使自己得到了赞扬,员工会由于管理者的赞扬而把这件事做得更好。其次,不会使其他的员工产生嫉妒的心理。

如果其他的员工不知道这位员工被赞扬的具体原因,会觉得自己得到了不公平的待遇,甚至会产生抱怨。赞扬具体的事情,会使其他员工以这件事为榜样,努力做好自己的工作。

4. 赞美源于事实

没有事实根据,虚无的赞美不仅不能起到激励作用,反而会让员工不信任你。管理者一旦有虚无的赞美,会让员工感到上司是伪君子,使员工产生被捉弄感。

在赞美时,语言要发自内心,这是很严肃认真的。不能给人以造作感和过于随意感。如果管理者在赞美员工时漫不经心,一边读报、喝茶,一边说着几句赞美的话,不但不会起到赞美的效果,反而会引起员工的反感,认为你是在敷衍他,对他不尊重。

久而久之,即使当你严肃认真去赞美员工时,员工也会不在乎和不理睬。"人不畏惧倒下,但最怕人格和威信再也树不起来。"而人格和威信的"倒下"也往往就在不经意的琐碎事中。

因而,赞美不能不关痛痒,赞美更要显出真诚。赞美员工时,一定要让他有认同感,故而赞美应符合事实,要出于真诚并且不能过度,才有可能发挥出激励员工的作用。

赞美下属必须公平公正

管理者赞美员工，也是员工期望得到的一种报酬。管理者的赞美实际上是把一种精神奖赏给予员工，这当然也需要公平、公正。

有的管理者因不能摆脱自私和偏见的束缚，对自己喜欢的员工极力表扬，对不喜欢的员工即使有了成绩也看不到，甚至把集体参与的事情归于自己或某个员工，常常引起其他员工的不满，从而激化内部矛盾。这样的管理者不仅不总结经验，反而以"一人难称百人意"为自己解脱，实在是一种失败。

要做到公正地赞美员工，管理者必须做到下面几点。

1. 称赞有缺点的员工

有的员工缺点明显，比如工作能力差、与同事不和、顶撞领导等，这些缺点一般都被领导所厌恶。其实，有缺点的人更需要称赞。

称赞是一种力量，它可以促进员工弥补不足、改正错误。而领导的冷淡和无视则会使这些人失去动力和力量，无助于问题的解决。人们心目中常常这样认为，受到领导称赞的人应该是没有很多缺点的人，受到领导的赞美就应该把自己的缺点改掉，才能与领导的称赞相符，同事看了也提不出意见。

2. 称赞比自己强的员工

现代社会中什么能人都有，许多单位也不乏"功高盖主"的员工。一些员工在某些方面超过管理者，从而使管理者处于一种不利的局面。小肚鸡肠的管理者会容不下这些人，对这些强人或超过自己的人不敢表扬，这也有失公正。

3. 称赞时要把握好分寸

管理者与员工交朋友很常见，每个管理者都有几个比较得意的员工，不仅工作合作愉快，而且志趣相投。称赞这样的员工要不偏不倚，把握好分寸，不能表扬过分，也不要不敢表扬。

如果领导的表扬过多，一有成绩就表扬，心情一高兴就夸奖几句，喜爱之情溢于言表，很容易引起其他员工的不满。与其说是向着自己喜欢的员工，倒不如说是害了他。有的管理者怕别人看出与某个员工关系密切，因而不敢表扬，这也是错误的做法，会影响员工的工作积极性。

4. 不要把集体的功劳归于一人

单位的工作成绩往往是员工和领导集体智慧的结晶，是齐心协力的结果，评功论赏时要表扬集体，不能归于一人，否则就有失公道。

有的领导向上级汇报工作时往往把集体的功劳归为自己所青睐的某个员工，这种做法很不明智，其他员工可能会把这样的信息反馈回来，如果这个领导与上级不和，那么其上级有可能进行调查取证，迟早会露馅。因此，管理者在赞美员工时，一定要把握好分寸，做到公平、公正、合理。

赞美下属应选择适当的方式

给予员工赞美，要选择适当的时机、适当的场合和适当的方式，这很重要。管理者对于员工的工作表现给予肯定和赞美，越是时机、场合、方式适当，他们就越有动力像以前一样努力工作。

选择适当的表扬方式，要考虑以下这些因素。

1. 能否找到适当的时机

你多久才能见到某位员工？你与他是否在不同地方工作，或者他只通过电脑终端与你联系？是否有类似定期会议这样的场合，让你有机会公开表扬某位员工？

2. 员工的偏好

你知道某位员工是否愿意被他人公开表扬吗？你是否与他讨论这一问题？例如，某位性格内向的员工，可能会更希望收到书面的表扬信或电子邮件形式的表扬，而并不喜欢被人当众赞美。

3. 管理者本人喜欢的方式

作为一名管理者，你喜欢采用什么样的方式去称赞美员工？你可能觉得当面称赞别人很尴尬，所以，即使你觉得应该这么做时，也不会这么做。如果你不喜欢当众称赞员工，也可以采取另外一种更亲切、更真诚的方式。

在单位中，管理者对员工的赞美，必须基于员工的工作表现，这样才能有效调动员工的积极性。有的单位在周五的时候为员工发放食品和水果，或者，在员工生日的时候，送给他们生日贺卡，不知不觉，单位里就形成一种惯例，这些变成了理应享受的某种权利。

最终的结果却是，员工会期望更多。因此，对于员工的肯定和认可，必须基于员工的工作表现和工作业绩是否达到所期望的标准。这样，员工才会更加珍视这份荣誉，效果也会更好。

管理者认可员工，需要采取多种方式，有的放矢，心诚意切，而不要反复使用某一种表扬方式，否则，效果就会越来越差。

下属赞美领导要不卑不亢

赞美领导是一门特殊的艺术。无论怎样，领导和下属之间都存在很多不可改变的差异，双方的地位、处世观念、生活方式……诸多方面都是有鸿沟的，加上不同领导又有不同的特征，不同的文化水平、心理素质、癖好等，所以赞美领导不但要考虑各个细枝末节，而且要自然、得体，做到这些非常不容易。

但是从另外一个角度来讲，领导也是人，也具有与常人相同的人性弱点。也渴望得到下属的认可和尊敬。所以赞美领导也并非绝对的艰难，只要下属能够正确地运用各种交际方式，谙熟人际关系中的焦点，就能很合理地赞美领导，并从中得到益处。

作为下属，对领导赞美时首先不能自卑，不能自贬身价或唯唯诺诺。因为这种态度是退缩、依赖、懈怠的象征，会使领导对你的能力产生怀疑，不敢放手使用你，也不相信你能做出成绩，最终失去领导的信任。

自卑者的赞美往往是诚惶诚恐的，他们面对领导时，首先想到提"我应该怎么表现装出什么样子，才能让领导认可和满意？""我应该选择哪些词语来奉承领导？"有时还没有想好，就慌慌忙忙地说出几句，因为太注意自己所说的话，所以往往会言词紧张，脸色不正，结结巴巴，使领导误以为你对他有成见。

自卑是一种心理缺陷，唯唯诺诺者一般都只会服从，不会反驳，更不敢与领导进行合理的争辩。这类人在领导者眼中,一般都不是能够欣赏的对象。

在赞美领导的时候,不能把自己的地位放得太低,否则赞美就变成令人讨厌的阿谀奉承。你要清楚,下属与领导在人格上是平等的,我们不能在有损自己人格的基础上去获取因奉承而回报的蝇头小利。有道是,志士不饮盗泉之水,仁者不受嗟来之食,这是任何一个下属应该遵守的生存原则。

当然,在不自卑的同时,也不能成为飞扬跋扈、轻视领导权威和作用的下属。满招损,谦受益,恃才傲上者不认真对待工作,不听从领导的调用,不会善待自己的才能,对上司的才能不以为然,与领导关系不协调,最后往往会被领导厌恶,然后踢开。

恃才傲物而让后人叹惋可惜的人,古今中外举不胜举。三国时的杨修就是一个典型的例子。《三国演义》中称杨修"博学多才,胆识过人。"但由于他屡犯"曹操之忌",结果是聪明反被聪明误,最终送了性命。

曹操授意建造一座花园,建成以后,曹操亲自去察看,却没有说好说坏,只是在门上写了个"活"字便扬长而去,众工匠不解其意。杨修却在一边说道,门内添个"活"字就是"阔"字,宰相是嫌门太宽了。

于是工匠们马上进行改造,然后再让曹操来观看,曹操十分高兴,问道:"谁解吾意?"众人答是杨修,当时"操虽称美,心甚忌之"。

还有一回,曹操命人送来一盒酥,上写了"一合酥",杨修看到了,竟把一盒酥与众人一起分吃了。曹操问起他这件事的缘故。杨修说:"盒上明书一人一口酥,岂敢违丞相之命乎?"这时曹操"虽喜矣,而心恶之"。

到后来建安二十二年,刘备出兵定军山,老将黄忠杀死曹操手下的夏侯渊。曹操领兵回到汉中,与刘备两军对垒,欲进不能,欲退不肯,心中正犹豫不定,忽见手下人送来一碗鸡汤,碗中有鸡肋,顿时感怀不已。当时正值夏侯惇入问夜间军号,曹操便随口说:"鸡肋,鸡肋。"

杨修听到"鸡肋"两个字，便让手下军士收拾待归。夏侯惇得知，惊问其故，杨修答道："鸡肋者，食之无肉，弃之有味，现在我们进不能胜，退又恐人笑，在此无益，不如早归。来日魏王定会班师回朝，所以先收拾行李，以免临行慌乱。"

夏侯惇听了，十分信服，也回去收拾东西准备回家了。于是军中大小皆知来日即归，都忙着拔寨起程。曹操知道后大惊，忙问是谁下令起程，有人告诉他是杨修所为，曹操听了大怒，遂以"扰乱军心"之罪将其斩之。

杨修是一个很有才华的人，但他身为下级，在领导面前不能隐藏自己的才能，更不懂赞美的学问，而是以自己的才能与之对峙，最终招致杀身之祸。

如果杨修懂得适当地赞美一下曹操，收敛一下自己的傲气，那么三国历史就要改写了。

综上所述，"卑亢"的态度都是人格不健全的表现，在与领导相处时要处处谨言慎行，不卑不亢，才能得到领导的信任。

在赞美领导时，也应表现得大智若愚，妙语生辉，才能使自己的人生之路顺畅无阻。

赞美领导多用请教式赞美

在生活中，我们经常听到这样的赞美"你的手工做得太好了，怎么做出来的，能教教我吗？"如此别具一格的赞美就是请教式赞美。什么是请教赞美呢？顾名思义，就是赞美对方的某些方面，而话语中带着请教的意味，似乎对方的优秀程度已经将其摆在了"老师"的位置上。

大多数人听到请教式的赞美，虽然表面上不做声，但其内心早已兴奋异常了。下属要想赞美领导，就可以多用请教式的赞美。

杰克大学毕业后，分配在美国的一家化妆品公司工作。刚进公司,他对业务一窍不通。幸运的是,他被分配在一个优秀的"推销冠军"詹姆斯手下当业务员。

杰克很好学,他谦虚地对他的上司詹姆斯说:"你是推销冠军,一定有很多好的经验,我才走出校门,对这门工作可以说是什么也不懂,麻烦您传授给我一些经验好不好?"

杰克的请教式的赞美令詹姆斯很满意,他对杰克说,你有这种谦虚好学精神,不愁学不会业务,也不愁没有业绩,跟着我学习,你会成功的。

有一天,詹姆斯带着杰克来到一个顾客家,向顾客推销公司里刚推出的一种化妆品。刚开始的时候,女主人对他们的产品没有一点兴趣。这时,詹姆斯突然看到阳台上摆着一盆美丽的盆栽,他立即转移了话题:"好漂亮的盆栽啊!平常似乎很难见到。"

女主人来了兴致:"你说得没错. 这是很罕见的品种。同时,它也属于吊兰的一种。它真的很美,美在那种优雅的风情。"

"确实如此。但是,它应该不便宜吧?"

"这个宝贝很昂贵的,一盆就要花700美元。"

"什么?我的天哪,700美元?那每天都要给它浇水吗?我一直很喜欢盆栽,但对此一窍不通,我能向你请教是如何培育出这样美丽的盆栽吗?"

"是的,每天都要很细心地养育它……"女主人开始向詹姆斯和杰克倾囊相授所有与吊兰有关的学问,而他们也聚精会神地听着。

最后,这位女主人一边掏钱,一边说道:"就算是我的先生,也不会听我叽叽喳喳讲这么多的,而你们愿意听我说了这么久,甚至还能够理解我的这番话,真的太谢谢你了。如果改天有空,我会乐意向你们传授种植兰花的经验,希望改天你再来听我谈兰花,好吗?"女主人爽快地接过了化妆品。

走出女主人的家,杰克说:"詹姆斯先生,您今天给我上了一课。其实您今天采取的也是请教式的赞美方法。您通过向女主人请教关于盆栽的问题,引起了女主人的谈话兴致。而且,在交谈过程中,您一直以请教式赞美来夸奖女主人,使得女主人的心理得到了极大的满足。最后,没等您再开口,女主人就主动掏钱购买了化妆品,而且,还发出了希望改天你再来听她谈兰花的邀请。"

杰克的一通赞美令詹姆斯非常高兴,詹姆斯说:"杰克,你的领悟能力非常高,我相信你做这一行,一定会做出成绩的。"

杰克在詹姆斯的领导下,果然在一年内就取得了不凡的成绩。

杰克那几句请教式赞美,恰到好处地温暖了詹姆斯的心灵,融洽了彼此之间的关系。可以说,请教式赞美,是一种非常有效的赞美方式。先给他人戴上一顶高帽,再虚心地请教。想必,一个再倨傲的人也会被打动,这样一来,自己的目的就很容易达到了。

1. 请教式的赞美更能彰显其价值

请教式赞美一般很容易让对方接受,让对方体验到自己的价值,从而在心中产生某种成就感。这样的赞美方式大多适用于下属对上级、学生对老师、晚辈对长辈,由于对方身上有自己不具备的一技之长,遂以请教的赞美方式表达自己的仰慕之情。

在这个过程中,对方往往能在请教式赞美中答应自己的请求。或者,他们有可能主动帮助你渡过难关。

2. 请教式赞美是一种鼓励

其实,请教式赞美不仅仅是在请教,还表现出一种鼓励的意味。当然,这样的一种赞美方式不止局限于下属对上级。很多时候,上级为了鼓励下属,也可以向下属发出"请教式赞美"。

在日常生活中,还有许多家长更是将请教式赞美当作了一种很好的教育方式,以此来鼓励孩子。我们不妨放低自己的身价,虚心请教,再说几句赞美之语,说不定能取得意想不到的效果呢。

赞美领导不能落入俗套

人类最美丽的语言是赞美,人类最动听的声音也是赞美。美国著名心理学家威廉·詹姆斯曾说过:"人类本性上最深的企图之一是期望被赞美、钦佩、尊重。"可以说,希望得到尊重和赞美,是人们内心深处的一种渴望。

人人都爱听赞美的话,因为赞美能激起人们心灵最深处的自豪感和成就感,从而产生美好的心境。而同时,赞美也是人类最高收益的投资,当对方接受了我们赞美之言的时候,也就接受了我们这个人,自然也就拉近了彼此之间的距离,我们的生活、工作环境也就会更加和谐。

当然,赞美是要讲究一定技巧的,需要掌握一定的分寸,赞美要不落俗套,才会让对方受用。循规蹈矩墨守成规的赞美,只会让对方感到毫无新意可言,起不到真正赞美的作用。

而假若我们善于观察,善于挖掘,找到别人未发现的优点,这样说出来的赞美之言才会更显新意和诚意,更会给被夸赞的人留下既美好又深刻的印象。

职场更需要赞美,作为下属,为了让工作顺利开展,必须和领导搞好关系,而不落俗套的赞美往往让领导很受用。"高帽子"戴得好,也需要一定的技巧。

刘平在某大型广告公司行政部门工作。因为工作性质的关系,她很会说话,见着人就夸,可正是因为这样,很多同事认为她不实诚,不知道她的夸赞是不是出于真心。

刘平的领导是一位女士,很时尚,也很会搭配衣服,每天早上总是会以不同的装扮亮相,而刘平似乎也成了她每天装束的评论者。赞扬倒无所谓,关键是,刘平每一句赞扬的话都说得似乎变了味儿,让经理很难堪。可是,刘平丝毫没察觉,继续进行自己的"时装评点"工作。

一天,女经理走进门,本准备绕开刘平的视线,可偏偏被她看见了,"哇,经理!又买了一套新衣服,是不是?款式不错,肯定又是今年的限量版。您瞧瞧,这颜色好亮呀!穿在您身上更是显得高贵大方。"

领导并不是高贵的人,更不喜欢人家对自己的穿着评头论足,她听着刘平的每句话都很刺耳,只好勉强挤出一点笑容,刘平还以为自己的赞美奏效了。

第二天,经理几乎都不想从正门进公司了,可她的办公室只能从办公区经过,她几乎要挡着脸走进办公室,但还是被刘平看见了。"看看!又一套,很贵吧?做经理就是好,还有项链、耳环,也是新的吧?我就缺这个本事,不会像您如此会打扮。"

这么接二连三的折磨,害得领导都不敢跟她说话了,谁知道在其他同事面前,她还会说出什么不靠谱的恭维话呢?

有一天,领导实在被她弄烦了,就把她叫到经理办公室,对她说:"我不是批评你,但是有时候并不是每个人都喜欢被你夸。而且,你要知道,不是你没看过的就是新衣服,我的衣服有的已经穿了五六年了,只是保养得好,配来配去就不一样了而已!你一嚷嚷,人家还以为我生活多奢侈呢!以后请别再说我的衣服啦!"

听完这些话,刘平才发现,自己以前那些努力不仅是无用功,还起了反作用。

在这里,刘平的目的本身是赞美领导,想让领导心情愉悦,可是却适得其反。她同时犯了两条恭维人的大忌:一是恭维没有新意,啰啰唆唆,让人听来无趣;二是戏谑的成分过大,没有诚意,让人感觉听起来很刺耳,领导自然不能接受。

针对这两点赞美大忌,我们也可以从以下两点努力:

1. 赞美要有新意

尽量别赞美领导那些显而易见的优点,因为领导已经听惯了那些,他们最多也就是笑笑,当作常规意义上别人的奉承罢了。你不妨对领导做一些深入的了解,挖掘一些领导的内在优点,这样的赞美才能独树一帜,才会让领导眼前一亮。

2. 赞美要真诚

在上面的例子中,刘平的话着实让人听着不舒服,又带有讽刺意味,尽管她自己没察觉。赞美应该是发自内心的,是自然而然的善意行为,不需要你绞尽脑汁,处心积虑,也不需要你费尽小心。要想我们的赞美之言更显真诚,可以注意以下几点:

不仅赞美别人,还要把别人的优点当成自己学习的榜样。把语言化成行动,才会让别人信服,别人也更容易接受你。

间接赞美。比如,你可以用辩论的观点,让对方说服你,承认自己的优点,比你自己说出来更有价值。

多关心周围的人。赞美和恭维领导不仅是说好话,还要说好听的话。这不仅是对领导,对周围的同事也要如此,一句关心、嘘寒问暖的话比那些绞尽脑汁的赞美更能打动人心。

总之,要想在办公室里出人头地,获得领导的青睐和同事的好感,可以有很多种方法,但赞美领导和同事是成为一个受欢迎的人的必备手段,是建立良好人际关系的基石,更是事业成功的良性催化剂。

赞美领导应有事实根据

人人都渴望被别人赞美,因为这是人的基本心理需求,这一点毋庸置疑。赞美是嘴角的春风,言语的钻石,它是开启人心的钥匙,能瞬间满足人心最大的渴望。

卢梭说:"贤人哲士是绝对不追求运气的,然而对赞誉和激励却不能无动于衷。"对于职场人士来说,和领导相处,更需要赞扬这双"大手"的支持。适时恰当的赞扬能产生很大的力量,是获取成功的一种手段。

但事实上,赞美并不是一件简单的事。因为常规意义上的赞美,也就是大处落墨,不着边际,这样缺乏新意和诚意。因此,我们不妨换个角度,抓住赞美点,这样,赞美起来也就有据可依。

要知道,每个人都希望被人赞美,喜欢戴高帽子。可关键是,这顶高帽子要怎么戴才合适，要让对方感觉你戴得合情合理，才能真正打动他。

所以在与领导相处的时候，一定要善于挖掘他的优点，即使这个领导你不喜欢，只要你用心去找，一定会找到。抓住他的优点赞美，一定会让他对你"另眼相看"。

拿破仑行军打仗，机智多谋，对奉承之语最为厌恶，他也根本不吃那一套，这一点，军营里的士兵们从上到下都知道，因此有人想赞美他，也不敢开口。

然而有一个士兵却很聪明，找到了别人没发现的赞美方法，他对拿破仑说："将军，您是最不喜欢听奉承话的，您真是一位英明的人物！"

拿破仑听后不仅没有斥责他，反而十分受用。

卡耐基小时候是个公认的坏男孩。在他9岁的时候，父亲把继母娶进家门。当时他们还是居住在乡下的贫苦人家，而继母则来自富有的家庭。

父亲边向继母介绍卡耐基，边说："亲爱的，希望你注意这个全郡最坏的男孩，他已经让我无可奈何了。说不定明天早晨以前，他就会拿石头扔你，或者做出你完全想不到的坏事。"

出乎卡耐基意料的是，继母微笑着走到他面前，托起他的头认真地看着他。接着她回来对丈夫说："你错了，他不是全郡最坏的男孩，而是全郡最聪明最有创造力的男孩。只不过，他还没有找到发泄热情的地方。"

继母的话说得卡耐基心里热乎乎的，眼泪几乎滚落下来。就是凭着这一句话，他和继母开始建立起友谊。也就是这一句话，成为激励他一生的动力，使他日后创造了成功的28项黄金法则，帮助千千万万的普通人走上成功和致富的道路。

卡耐基14岁时，继母给他买了一部二手打字机，并且对他说，相信你会成为一名作家。卡耐基接受了继母的礼物和期望，并开始向当地的一家报社投稿。他了解继母的热忱，也很欣赏她的那股热忱，他亲眼看到她用自己的热忱，如何改变了他们的家庭。所以，他不愿意辜负她。

来自继母的这股力量，激发了卡耐基的想象力，激励了他的创造力，使他最终成为美国的富豪和著名作家，成为20世纪最有影响的人物之一。

在继母到来之前，没有一个人称赞过他聪明，他的父亲和邻居认定：卡耐基就是一个坏男孩。但是，继母就只说了一句话，便改变了他一生的命运。

从以上的例子中，我们首先看到的是赞美的伟大力量，而同时，我们还看到了赞美的技巧。当你懂得赞美别人时，对方就会感到非常高兴，并对你产生一种好感。所以，要想增进双方的关系，拉近彼此的距离，不妨找到对方闪光的地方，进行恰当地赞美。

前面的例子中，聪明的士兵抓住的就是拿破仑不爱听奉承话的特点对其进行赞美的，因为在拿破仑看来，自己不爱听奉承话就是个优点，士兵无疑是说到自己心坎儿上了，自然会重用他。

后面的例子中，卡耐基的继母也是个聪明人，她看到的正是一个坏男孩身上别人没发现的优点，一句赞美，让一个坏男孩成为20世纪最有影响的人物之一。

找准赞美点，同样是职场人士与领导的相处之道。赞美领导时，也应找准领导的闪光点，这样才能发挥赞美的最大作用。

第三节　赞美使你家庭幸福

赞美爸妈享受天伦之乐

尊敬长辈是中华民族的优良传统。长辈们给我们创造了大量的物质、精神财富，在我们的成长道路上，又倾注了他们毕生的心血。因此，在日常生活中，尊敬他们，赞美他们，是我们每一个晚辈应尽的责任。

"生我者父母,育我者亦父母也,父母之恩,何以为报?"一位海外游子在异国他乡临终前发出感叹。可见他唯一觉得内疚的是没有报答父母。父母辛辛苦苦地把我们拉扯大,耗费了他们一生的精力,即使我们把世上最好的赞美词加诸于父母,也表达不完我们对他们养育之恩的深深谢意。

孩子小的时候,父母是他们眼中的万能人,什么都知道;孩子上学后,父母是他们的良师益友;孩子走上社会后,父母是他们最坚强的后盾,无论你成败与否,回到家中,你仍是父母眼中的乖孩子。孩子人生的每一个阶段,父母都有值得孩子赞扬的地方。

在日常生活中,我们可以称赞父母对孩子的无比慈爱,对孩子无微不至的关怀,对孩子耐心持久的教育,以及他们的自身品质、才能等。父母爱孩子胜过爱自己,他们宁愿自己现在多受苦也要让孩子将来幸福。一位来自农村的大学生讲述了他的故事:

他们那儿穷,可他父母坚持让他上学,小学、初中在本地还好,消费不高;自从了上县城的高中后,家中就开始支撑不起了。他多次想出去打工以挑起家庭的重担,但父母每次都坚决拒绝。

特别是高二开学没学费时,父母含泪把家中最值钱的大黄牛牵了出去。当牛贩子从父母手中接过牛绳时,父亲竟然忍不住抱牛痛哭,那场面现在想起了都令他不能控制自己的眼泪。以后的岁月是父亲驼着背在前面拉,母亲弯着腰在后面推的过程。后来幸亏有位好心叔叔答应帮助他,才打消了父母卖房子的打算。

每当这位学生拿到奖学金或荣誉证书时,他拿回家的都会先恭恭敬敬的拿给父母:"这里面有你们一半的功劳。儿子永远不会忘记你们的支持,永远不会忘记你们的辛劳。"这时,父母眼中往往会露出幸福的笑容说:"这点苦算不了什么。"

父母宁愿坐到12点也要陪孩子完成作业,父母宁愿放弃早晨的美梦也要起床为儿女做饭；父母宁愿自己省吃俭用也要孩子"走出去像个人样"，父母宁愿自己把苦水往肚子里咽也要让孩子开心……这一切的一切，作为孩子，我们都应该感恩、称赞。

父母有他们自己的长处、兴趣、爱好等，这也是你赞美的一个方面。如你父母会做一手好菜，你不妨在吃饭的时候馋相大露，然后就菜的颜色、味道等一一加以比较表扬。

这样，他们不但高兴，而且会想着下次练一手绝活。如你母亲做的一手好针线活儿，穿着你妈织的毛衣上街时，你可以向周围的人大加称赞你妈妈的手艺。

另外，父母相对于你来说，许多美好的事已经成为过去；当你玩着高级玩具的时候，他们会忍不住给你讲他们小时候的"铁环""飞棒"等，当你和同学们出去春游时，他们也会想起当年他们背着锅、碗去外面野餐；当你拉着你的另一半走向教堂时，他们也会想起当年的罗曼蒂克史。

每当你们谈起这一切时，都会把他们带入一个美妙的境地。这时你不妨再认真听他们诉说加以赞叹，"你们那时玩的东西真有趣""你们那时的野餐真令我们羡慕""想不到爸妈当年这么浪漫"等等。

赞美父母还要注意以下几点：

1. 含蓄优于直述

父母与孩子一起相处的时间是比较多的，如果你整天就几句"爸爸……好，妈妈……好"，"爸爸……厉害，妈妈……强"，你不烦，你父母也烦了。这时往往含蓄优于直述。

黄宁的妈妈做的一手好菜，一次吃饭的时候，黄宁对他妈妈说："妈，我现在才知道爸当初为什么娶你了。"

他妈疑惑地说："小孩子知道什么？"黄宁得意地说："爸一定是天天想吃你做的菜。"

爸听了笑道："你妈除菜做得好外，还有很多优点呢……"他妈当时也乐得直骂："这个小鬼头。"

黄宁较好地掌握了这一点。以前他肯定说过妈妈做的饭好吃，如又重复一遍，肯定没有什么效果。

2. 赞美要"量体裁衣"

就是要讲究语言的合适性，既不要夸大也不要不及，这样才能达到赞美的最佳效果。

当孩子渐渐长大后，感觉到父母的艰辛，想到应该好好报答他们时。说不定为时已晚，因为岁月不留人。与其这时空悲切，不如在平时对他们多一份体贴，多一份赞扬，这就是一种报答了。

赞美公婆打造和谐之家

公婆与媳妇的关系是自古以来家中最难念的一本"经"。这其中主要有两种原因促成的，一是他们分属两个年龄阶段的人，对事物的看法、观点不同，公婆显得保守，媳妇显得激进、新潮。二是他们没有血缘关系，公婆对媳妇总有一种隔膜感。

其实，处理好公婆与媳妇的关系也非想象中的那么难。公婆固然要关心爱护媳妇，更重要的是媳妇要孝敬公婆，体谅公婆，使他们觉得这个媳妇像自己的亲人。在引起争端时，要尽量多容忍一下他们，毕竟你是晚辈，你的丈夫是他们一生的心血，你敬爱丈夫也理所当然应该爱他们了。

另外，我们应多与公婆联络情感，经常称赞他们的功劳，公婆辛苦一生，养育一个儿子不容易，我们应该站在他们的角度，多理解他们的苦衷，平时嘴巴甜一点，多恭维他们，称赞他们。针对婆婆也是个女人的特点，同婆婆搞好关系，就等于和公婆都搞好了关系。因此，我们可以从婆婆入手，多称赞婆婆。

婆婆是一个女人。首先女人有爱美之心，尽管她年岁已高。你就得细心观察一下，你公婆的穿戴、身体等情况，适当地加以赞美。如你公婆都50多岁了，可保养得比较好，你就可以说，"妈，你可真是驻颜有术，稍为装扮一下，别人怎么也看不出我是您的媳妇，准以为您是我的大姐。"

这时，公婆肯定会假装骂你几句："乖媳妇，就别取笑我了，头发都白了一大片，还怎么怎能和你们年轻人比"这类的话，可心里乐滋滋的，说不定晚上还偷偷地照照镜子欣赏一下自己。

其次，你要满足她的虚荣心。在外人面前，她总把自己看做是一家之主，丝毫不让人侵犯她的威严。这时的你就得满足她，其实他也只是要个面子罢了，实际情况还是你们夫妻把握着。

如有客人来访，你让公婆做主角，你乖乖地站在他旁边或下厨做饭，吃饭时当然先把公婆扶上主座了。同公婆一起出去，不管他是否用得着，小心地扶着，看见熟人，首先介绍一下他们。

这样，他们就会得到很大的满足。另外，生活中的其他小事也要随时注意。如公婆做的饭菜你一个劲儿地称赞，公婆收拾的房间你称赞整齐等。

除此之外，我们还要注意公婆是长辈这个特点。虽然说有的公婆相对来说不太老，但至少比你年龄大多了。他们对人世间的风风雨雨已经经历的很多了，走过了一个挫折——前进——挫折——前进的过程。他们现在已不再风华正茂了，但他们曾经也年轻过。

抓住他们这些特征你就可以在称赞他们时显得毫不费力，毫无造作之感。当公婆对一个问题提出她的看法，即使不正确，也肯定蕴藏着他们的某些人生经验，你可以透过问题看到这点加以赞扬；当你公婆对你谈起他们过去的光辉亮丽的岁月时，你要为他们那时的美丽而高兴、而赞美；当你公婆对你谈起当年他们是怎么走出困境，走向成功的时候，你更应赞美他们那种不怕艰难，不屈不挠的精神和勇气。

公婆一生最大骄傲和幸福就是他们的儿子，"儿荣父母亦荣，儿辱父母亦辱"。当他还小的时候，考试考了第一名，最高兴的肯定不是你而是他的父母。他开始关心自己的朋友、亲人的时候，最觉得欣慰的是他的父母，当他考上好的大学，他的父母肯定是天下最幸福的人了……

因此，在公婆面前称赞她的儿子你的丈夫也是获得公婆欢心的一个重要内容。你丈夫关心体贴别人，你说是公婆从小的感化；你丈夫事业有成，你说他是踩在公婆的肩上站起来的；你丈夫体格强健，你说是公婆的恩赐。总之，你丈夫所有的优点都与公婆有着密不可分的关系。

如果你能做到这些,公婆就会觉得你妈也同样生了你这个好女儿。他们的儿子娶你为妻,是他们儿子的福气,也是他们的福气。

假若生活细节中处处都可以充满你赞美的语言,那么,你的公婆也会因此而认为你是天下最好的儿媳妇。下面,再向你们推荐几种赞美公婆的技巧。

1. 适其口味

公婆的个人好恶肯定与你不同,你赞美的时候一定要根据实际情况着手。如你公婆喜欢心直口快之人,当家中来了一位说话含蓄的朋友时,你大赞含蓄之好,这肯定会惹公婆气恼。你可以当着公婆的面,称赞心直口快人的豪爽、坦白,并表示出钦佩之色。这样,公婆也许就会因为和你有这么一点共同点而更喜欢你。

2. 侧面反衬

天天说公婆这好那好,她也会听烦的。这时,你不妨试试侧面反衬赞扬法,你可以当着街坊邻居称赞公婆的好处,也可以当着你的丈夫说,这样当你公婆知道后肯定会更高兴。

郑燕和她公婆的关系是街坊邻居都知道的。郑燕的公婆是一对出了名的难相处,开始郑燕看他们整天唠唠叨叨说个不停,对什么事都指手画脚,烦得不行了。她公婆也嫌她脾气大,不听使唤,两方时常斗气。但郑燕有个最大的好处,就是和街坊邻居谈话时绝不说公婆的一点不好,让邻里们羡慕得不行。当邻里们碰见郑燕的公婆时总称赞他们会待媳妇,开始,这两老还不自在。后面渐渐高兴起来了,对郑燕态度好多了,也不再指手画脚了,当然郑燕也对公婆多了一份理解。后来,他们家连续几年被评为模范家庭。

只要你能注意到以上细节并运用于实际当中,保证你会发现原来和公婆处好关系也不是难事,并发出"我的公婆,原来也很好相处"的感叹。

赞美男友使恋爱更加甜蜜

恋爱存在于两个人之间。一般来说，既然在恋爱，双方肯定都是互相恋着对方、爱着对方的。而你要恋对方、爱对方就应不断地寻找出对方的优点和值得你爱恋的地方，并不断地去肯定它、赞美它，让对方从自己的语言或行为中知道你是在爱着他。

可以说，真正的恋爱关系是建立在双方彼此欣赏与赞美中的。在相互的赞美中能得到被尊重、受保护的感觉，对对方就会更加倾心，更加爱慕。作为一个男人的女友，要想证明你爱他和敬仰他，就一定要学会赞美。

一个男人只有在女友的赞美声中，才能知道对方是否爱着自己、仰慕自己。他在生活工作中之所以有自信，很大程度上是建立在女友的赞美声中的。

也许这个男人是优秀的，有无数的人曾真诚地赞美过他，但这些都抵不过女友的一句赞美。因为一个热恋中的男人，他觉得他所做的事一切都是为了他心爱的人。因此，他要求的不是众人的肯定，而是他所爱的人的认可与尊敬。

有位爱情心理学家曾说过，彼此敬慕是浪漫、充实的爱情最有力的支撑系统和最坚实的感情基础。男方受到了你的敬慕，就会有受重视、被爱、被理解的感觉，从而更加关爱你、呵护你，为你做出更大的努力。而你也就达到了自己的目的。男友更加疼爱你，更加的优秀，使自己得到充分的满足感。

所以，在你赞美你热爱的男人时，不要羞涩，也不要使语言含糊不清，应把你内心深处真实的感受一股脑儿倒出来，用最热情洋溢、最炽烈的语言来真实地赞美他。

这种充满着感情的语言，才能令他相信你所说的每一句赞美都是肺腑之言，而每一句话中都注满着你对他的浓浓爱意。

让对方都感觉出来这一切，才能更加催他上进，使他心灵上大受鼓励，心甘情愿地为你付出一切，而又无怨无悔。

恋人之间是没有羞涩的。既然你们双方共同选择了对方就是对对方有那种吸引力，有着让对方为自己如痴如醉的魅力。因此，用怎么火热的语言都只能是代表你爱他的一种方式而已。

除了用热烈的赞美之外,你也可娓娓地倾诉,给男友的心里灌满蜜。男人们大多喜爱女人对他又爱又敬,而敬的含义中也就包括了希望女人能把他放在神一般的位子上,处处体贴着他。

所以,你轻轻的话语会加强男人的自豪感,认为自己有保护你的使命,全身心地为你去努力。

当然,具体用什么手法,都是根据二人的性格和二人的相处方式来决定的。不必只限定于这两种方法。

赞美妻子使婚姻美满幸福

妻子是一个男人接触最多的女性。夫妻间的和睦相处,是构成家庭稳定的最主要因素。作为一家之主的"丈夫",应该勇于承担家庭的重担,体贴爱护自己的妻子。

很多人把婚姻视为爱情的坟墓。其实,并不见得,如果采取适当的相处方式,婚姻就会是很幸福的,而男人则扮演着更重要的角色。要获得妻子的理解,就要赞美妻子,满足她的心理需要。

一般的妻子都认为丈夫是自己的依靠。希望从丈夫那里获得安全感。因此,作为丈夫,应该在困难面前保持沉着、冷静,面对危险,要挺身而出,保护自己的妻子。但在日常生活中,男人应该细心观察生活,多赞美妻子为自己的付出。

丈夫不失时机地赞美自己的妻子,会给妻子一种骄傲的感觉。对她的美德时常加以赞赏,做她们最热心的观众。无论她说了什么机智风趣的话,穿了什么衣服,或是做了什么可口的菜,你都应该给予赞美,向她流露出自豪和喜悦的神情,让她因为你的赞赏也毫不吝惜地赞赏你。

丈夫应该无条件地接受和支持妻子。不要"爱之深,责之切",要重视女性的自爱心理。比如,你和妻子购物,当妻子征求你的意见时,应该肯定赞美妻子的眼光。在妻子做错事的时候,应该显示出男子汉的气度和胸襟。要耐心开导妻子，而不是呵斥责骂。

要注意同妻子沟通。在生活中遇到的各种琐事，要借助于同妻子的沟通来解决。许多专家认为"有优良的沟通，才有成功的婚姻"。而中国的传统家庭中，丈夫的地位至高无上，这就决定了他们很少同自己的妻子沟通，当然，更少有对妻子的赞美。而当今社会，夫妻之间的地位是平等的，作为一个好丈夫，要获得妻子的爱戴，就要尊重妻子的意见，要赞美妻子为家庭、为自己所做的一切。

在结婚之前，丈夫对妻子的话永远觉得悦耳动听，可是婚后，亲密和赞扬的话变得越来越少，妻子也变得越来越啰唆。这往往使许多男性越来越感到厌烦。

恋爱时，男人往往能耐心倾听女人的话，而婚后则漠然置之。这样做是非常不对的。一位妻子曾对自己的丈夫说："如果有一天，我不再向你唠叨了，那就说明我们之间结束了。"

其实，妻子的诉说很多来自关切。作为一位丈夫，只有肯耐心地听妻子的诉说，才能真正同自己的妻子沟通。对妻子的成绩，要不吝言词的赞美，对于妻子受到的遭遇和挫折给予同情和鼓励。只有这样善于倾听妻子讲话，并随时赞美妻子的丈夫，才会是一个真正的好丈夫。

在各种地点场合都要尊重妻子。在同自己的熟人、朋友谈话时，不要只顾自己，而冷落妻子，对妻子的关怀体贴要给予尊重和赞赏，不要认为理所当然。这样，才能使自己的婚姻幸福美满。

赞美爱人与我风雨同舟

每当一对相爱的人相拥走进婚姻的殿堂，他们都会被问到这样的问题："你是否愿意这个男子（女子）成为你的丈夫（妻子），与他缔结婚约？无论疾病还是健康，或任何其他理由，都爱他，照顾他，尊重他，接纳他，永远对他忠贞不渝直至生命的尽头？"

答案当然是："我愿意。"甚至，他们在上帝面前发誓："我以上帝的名义,郑重发誓:接受你成为我的丈夫(妻子),从今日起,不论祸福、贵贱、疾病还是健康,都爱你,珍视你,直至死亡。"

或许,我们不知道永远到底有多远,但是,直到生命的尽头,我们依然坚守着这个神圣的约定。但是,在生活中,有多少爱人能穷其一生来坚守这约定?又有多少人能够白首到老?

因此,为了我们的爱人,为了我们的家庭,为了我们的誓言,我们需要赞美,赞美那个一直陪伴在我们身边的爱人。或许你有些茫然,夫妻二人天天柴米油盐、平平淡淡,都有什么可以赞美的?

1. 需要赞美的东西太多太多

其实,如果我们仔细想,两人生活在一起,需要赞美的事,实在太多了。年轻的时候,纵然自己很优秀。可是,比你优秀的人更多,那么还是爱人慧眼识人,选择了与你相伴一生,所以,赞美他(她)吧!

成功的时候,虽然拥有无数的鲜花和掌声。可是,陪伴自己走过艰难岁月的,却只有他(她),所以,赞美他(她)吧!

失败的时候,所有的人都离你而去,只有他(她)不离不弃,始终陪伴在你身边,所以,赞美他(她)吧!

忙碌时有他(她)的帮助,痛苦时有他(她)的分担,快乐时有他(她)的分享,一起品尝人生的酸甜苦辣。甚至,为了你,他(她)宁愿舍弃更好的生活。

那么,面对这样一个不离不弃,风雨同舟,始终陪在你身边的人,心中怎会没有赞美的话呢?

2. 大声将"赞美"说出来

在生活中,不要总是觉得所有的事情都理所当然,包括爱人对自己无私的付出,对整个家庭的默默付出。感恩不仅在心里,同时,我们也要善于将自己的感激说出来。

赞美爱人,因为他(她)们,我们摆脱了忧虑;赞美爱人,因为他(她)们,我们真切地感受到了幸福的滋味;赞美爱人,因为他(她)们,我们才会飞得更高更远。

也许，对于我们来说，需要赞美的人太多太多。但是，我们一刻都不能忘记，赞美陪伴自己一生的爱人！

赞美丈夫使生活锦上添花

在一个家庭中妻子需要丈夫的赞美，反过来而言，丈夫也非常需要妻子的赞美。这种赞美是相辅相成的。

赞美是保持你的爱情的持续性的技巧之一。多年来，一大批的婚姻家庭学著作中都谈到了丈夫对妻子的赞美，却往往忽视了妻子对丈夫的赞美。其实，这是不对的。

在一个家庭里，绝不能说谁的赞美应高于另一人的赞美，这种赞美应该是平等的。妻子没有丈夫的赞美会失去信心，丈夫得不到妻子的赞美也会一蹶不振。因此，作为妻子的同样也应该做好对丈夫的赞美。

妻子称赞丈夫时，要把自己放在次于丈夫的位置上。对他表示出崇敬、仰慕、依赖，这样来表达出自己对他的爱与赞美。丈夫由此而感受到崇拜的感觉，就会更加奋进，给你更多的幸福。

也许会有些妻子感到不满，觉得凭什么要把我们女性放在次要的位置上，好像整个家庭就男人最重要似的。其实，并不是这样。家庭生活中谁付出的多少是不能用天平来衡量的。若你真的在乎那么多，也就不是真正地爱着这个家庭。事事都不能平均的。

而说实在的，在外的丈夫所受的压力真的很可能超出妻子几倍，作为妻子表现出对丈夫的依赖也是理所当然。事实上也确实是如此。所以，做个好妻子就适当得满足丈夫这种"大男子主义"感觉，这对你并没什么害处。

妻子称赞丈夫，要从小事做起。家庭生活中，夫妻恩爱的点点滴滴都展现在一些琐碎的小事上。因此，不要只看到丈夫在外的比较明显的优点，以此来称赞，而要在平日里的生活细节中发觉出丈夫的优点，大大地夸赞一番。

丈夫听了之后，一定会觉得你是个细心的女人，能在事事中都察觉出他的优点，你对他是真心相爱的。他也就会自然而然地多注意起你平日里的优点，这样二人的感情就会越来越深厚。

例如，看见丈夫修理好家用电器，你可赞他一句"真能干"。看见丈夫下厨做饭，你可赞他一句"真体贴"。丈夫为你买了一件衣服，也可赞一句"真好"。总之，多去发现丈夫的好处，多去称赞，肯定对你是有益的。

另外，妻子还应该多向丈夫表达谢意。他送了你一朵玫瑰，要谢谢他对你的爱意；他下班时顺路买了菜回家，要谢谢他为你分担家庭责任；他陪你去看电影，要谢谢他在繁忙之余还能陪伴自己；吃完饭他主动收拾碗筷，要谢谢他很疼惜你。还有很多很多，你都可以向他表示谢意。

人人都爱听别人的谢意，丈夫也是如此。他每为你做了一件事，都向他表示一下谢意，丈夫一高兴就不怕没有第二次了。这种谢谢的话不是多多益善吗？

妻子不仅在家里要多称赞丈夫，在外人面前也应该赞美他。男人都有种自负心，妻子在外人面前多赞一赞丈夫，会使其自负心得到充分的满足。这样，丈夫就会觉得自己的妻子知书达理，有眼光，而且以嫁给自己为光荣，就会感到十分的荣幸。

由于你的赞扬向外人证明了自己的能力，他就会觉得不应辜负妻子对自己的期望，也不能背叛妻子在众人面前对自己的赞扬，就会更加爱护自己的妻子，把自己在事业或是在其他方面的目标都定于"为了妻子"的前提之上。

除了赞美外，妻子还要给丈夫广阔的空间，不能处处束缚着他。男人在外不免会遇到很多的麻烦，承受的心理压力十分大，所以偶尔也会出外找找朋友，回家回的比较晚。可就因为如此，有些妻子就大呼小叫，认为丈夫背叛了自己，甚至有时丈夫真的是因为要加班而归家晚了，也要兴师问罪。

虽然，妻子是希望丈夫能多陪伴自己，但并不是说一个男人娶了你之后就完完全全属于你了。他还是自己的独立体。总是牢牢地抓住丈夫，粘住丈夫，增加丈夫的心理压力的女人，时间一久定会受到丈夫的排斥，从而逐渐失去丈夫的爱。

赞美孩子使其健康成长

孩子的成长是一个漫长的过程,对孩子的赞美也是一件长期的事。不可能像"春天播种,秋天收获"那么简单。当一道极复杂的数学题摆在你面前,令你找不着半点头绪时,你可以不耐烦地把它扔到一边去,说明天再做或索性放弃它,但孩子不是数学题,不是你烦了就可以放弃对他们的教育的。

另外,由于儿童个性的不稳定性,你们必须要有耐心,要有打持久战的心理准备。这里所说的耐心可以从两方面理解:

1. 在某一件具体事上的耐心

特别是比较细小的事上,父母要有耐心。其实由小见大,许多小的细节往往成为孩子们以后能否成功的关键。

莱特兄弟从小善于想象,当他们9岁的时候,一次,两人在一棵大树下玩,抬头看见密密麻麻的树叶丛中有一轮皓月正挂在树梢上,于是他们就想把月亮摘下来带回家玩。结果,两人还没爬上树就摔了下来,还跌伤了腿。

父亲知道孩子们的想法后,非但没有批评反而加以赞扬:"你们想爬上树摘月亮的想法是新奇的,是伟大的。可是月亮距我们那么远,岂是爬上树就能摘到的。我希望你们将来制作一种有神翼的大鸟,骑着它到天上摘月亮去。"

小哥俩听了父亲的赞扬,可来劲了。此后,他们开始实现他们的梦想,不断地设计那种能去天上摘月亮的"神鸟",父亲也一直不停地鼓励、赞扬他们。后来,他们成功地造出了世界第一架飞机。

可能很多孩子都有摘星星、摘月亮的奇想,可是否每个家长都像莱特的父亲那样从一件小事激发孩子创造力,并长期不懈的给予支持和赞美呢?

对孩子的称赞一定要把道理讲明白,不要就几句"对""做得好",你一定要给他分析清楚。在这件事中他做了什么,对人对己有什么好处,别人会怎么看等。

2. 在整个教育过程中的耐心

在孩子还很小的时候,你觉得他们还小,一点事也不懂,所以苦口婆心是应该的。可是当孩子渐渐长大后,你的耐心是否依然存在呢?当孩子还在幼儿园里时问你"鸟儿为什么不造个飞机,那么它们就不用自己飞了"之类问题时,你觉得自己应该告诉他鸟儿不是人,人可以做很多东西;鸟儿的力量小,鸟儿自己有翅膀之类。

凡你所知道的,凡认为孩子能听懂的。一下子全说出来,直到孩子点头说是为止。但如果孩子到了中学还问你这类问题,你能保证自己还可以那样不厌其烦地说给他听吗?这就能证明你是否有耐心了。

其实你不妨想想,孩子既然问,就肯定是不知道;既然问你,是相信你有能力解决它。无论他问什么,你告诉他就会令他增加一份知识,你又何必在乎他问的题目是幼稚还是可笑呢?

> 我在一所大学读书时,大家都在认真看书,一位同学站起来问教授:"这个逗号为什么要打在这儿,可以不用逗号用顿号、句号吗?另外,你是否能告诉我逗号是怎样产生的?"
>
> 大家听了哄堂大笑,可教授却严肃地从字意、上下文等方面回答了这位同学,只是对后一个题答得比较有趣:"逗号在当人们觉得需要它时,它就产生了。"

这虽然像没回答一样,他给了问者一份尊重,更表现了他无比的耐心。有耐心地持久赞扬孩子,对孩子成长有很多好处。

1. 有利于孩子改正缺点

缺点的形成也有一个过程,只是我们没有看到质变为缺点以前的表现方式。因此要改正缺点也非一朝一夕之功了。如孩子久而久之形成了挖鼻子的习惯，你骂他、打他一顿，他当时可能不敢了，但你一走开，他又会那样。

但如果你耐心地赞扬，效果就好多了。你可以先指出挖鼻子的危害，当孩子没有挖的时候，再不失时机地给予表扬。这样，孩子就能不知不觉地放弃这个坏毛病。

2. 有利于孩子个性的形成

著名的心理学家弗洛姆曾经说过："家庭是社会的精神媒介，通过使自己适应家庭，儿童获得了后来在社会生活中使他适应其所必须履行的职责的性格。"

当父母老是支配孩子时，孩子会形成了消极、依赖、顺从的个性。当父母不关心孩子时，孩子又会形成攻击、情绪不稳定、冷酷、自立的个性。但如果父母对孩子多多赞扬，孩子则会形成合作、独立、温顺的性格。这说明只有耐心的赞扬才能使孩子培养出适应社会生活的个性。

3. 有利于孩子特点长处的形成。这里的特点是指孩子所擅长的技能。每个人都有自己的一技之长，其形成与家长从小的赞扬分不开。

如果家长耐心持久地赞扬孩子所做的某一件事，那么孩子对这件事的兴趣就会有所增加，在这方面下的功夫也会增多，渐渐会突出于本身其他的优点，加上一点天分就会在同龄的孩子中显得出类拔萃。意大利著名歌唱家卡鲁索的成功就是一个很好的例证。

卡鲁索很小的时候便想成为一位歌唱家，他的老师知道后说："你不可能成为歌唱家，你根本没有好的歌喉，你唱歌的声音像穿过百叶窗的风一样。"

可他的母亲却给他以莫大的支持和赞扬说："你的想法很好，我很相信你，只要你有信心，认真地练，一定能行。"以后的日子，他母亲经常陪着儿子练习，并是儿子最忠实的听众，每当他有了新的突破时总加以表扬，最后卡鲁索终于如愿以偿成为著名歌唱家。

第二章
会幽默

幽默是一种轻松的人生态度。大凡幽默的人,往往生性豁达、洒脱恬淡,即使在人生路上遭受风雨,依然不改本色。大凡幽默的人,即使面临难以承受的挫折哀伤,仍会坦然地用执著裹住泪水,在成功的道路上轻舞飞扬。

第一节　幽默使生活妙趣横生

幽默是一门说话的艺术

正所谓，笑可以缓解人们的情绪，能表达出人类征服忧患的能力，也能增进人们的友谊、信任和联系。而幽默的笑，则是一种有趣的、高尚的、会心的、意味深长的笑。

在演说、谈话中，一些就地取材的诙谐语言；灵机一动的智慧闪光；不露痕迹插进的成语典故和幽默笑谈，即使讲话者调节了节奏，也使听者解除了疲劳，从而给人以美的享受。

在人际交往中，当矛盾发生时，对于那些缺少幽默感的人，会把事情弄得越来越糟；而幽默者则能使交际变得更顺利、更自然。

幽默是一种优美、健康的品质的体现。一个幽默感强的人，往往在悲苦时会显得轻松，欢乐时会显得含蓄；危险时而显得镇静，讽刺时不失礼，孤独时不绝望。

不仅如此，幽默还可作为一种避免得罪人的"火力侦察"。当一个人准备向自己的友人提出某项要求又摸不准对方态度时，可用幽默之语"放气球"，若对方由于某种原因不能或不愿满足你的要求的话，可以用开玩笑的方式加以推脱。

这样就不至于因为拒绝而陷于尴尬境地，双方的自尊心也都不会受到伤害，若以幽默含蓄的方式提出的要求被对方应允了，则可以继而转入进一步的讨论，落实此事就不在话下了。

大学寝室。新生初到，争排座次。老七心直口快，与老八争执了半天，见比自己稍小几日的老八终于排在末座，便说道："好啦，你排在最末，是咱们寝室的宝贝疙瘩。你又姓王，以后就叫你'疙瘩王'啦。"

说者无心，听者有意。原来老八长了满脸的疙瘩，俗称"青春美丽痘"，每每深以为恨，此时焉能不恼？

老七见又惹来了风波，心中懊悔不已，表面上却不急不恼，揽镜自顾道："'蜷在两腮分，依在耳翼间，迷人全在一点点'。唉，老八，我这真是'一波未平，一波又起'呀！"老八听了，不禁哑然失笑。原来，老七也长了一脸的雀斑。

老舍先生说过："幽默者的心是成熟的。"幽默的语言能使矛盾的双方摆脱困境，使僵局打破，并在笑语中消逝。

英国戏剧家萧伯纳堪称幽默大师。有一天，年迈的萧伯纳在街头被一辆自行车撞倒，虽然没发生可怕的事故，但毕竟这一惊吓非同小可。骑车者立即扶起戏剧家，并连连地大声向他道歉。

萧伯纳打断了他，说道："不，先生，您比我更不幸。要是您再加点儿劲，那就可以作为撞死萧伯纳的好汉而永远名垂史册啦！"

萧伯纳这几句戏谑，使本来紧张的气氛倏地消失于嬉笑之中。

有的幽默能启发人在忍俊不禁的大笑中引起思索，体会到蕴涵的哲理。有的幽默又能在人们嬉笑之后引以为自省。

有一次，生物学家格瓦列夫在讲课，突然，一个学生在下面学鸡叫，课堂里顿时一片哄笑。这时，格瓦列夫却镇定自若地看了看自己的挂表，不紧不慢地说；"我这只表误事了，没想到现在已是凌晨。

不过请同学们相信我的话,公鸡报晓是低等动物的一种本能。"

这种"张冠李戴"的幽默式批评,给学生们起到了警告的作用。

此外,幽默还有稳定情绪、减低愤怒、"化险为夷"的功能。在一个团队中,假如即将爆发尖锐的冲突,这时,如果有人插科打诨,运用几句妙趣横生的言辞,则很可能化干戈为玉帛,使剑拔弩张变为过眼烟云,从而避免发生一场"针尖对麦芒"的交锋。

幽默可以提升个人的魅力

具有怎样特征的人才更吸引他人呢?一般人会说出友善、热情、开朗、宽容、富有、乐于助人、幽默、有责任感、工作能力强等许多的特征,但相关专家提出:"在这些所有特征中间,最重要的莫过于幽默了。"这并不是说其他的特征不可贵,因为在人与人的交往过程中,没有太多的机会展示那些特质。

假若把各种优良特质比作钻石的各个侧面,幽默感则是钻石直接面向我们的那一面,可以直接折射出智慧的光辉。

在古代,"桃李不言,下自成蹊"是为人称道的交往观念,意思是说:桃树、李树虽不说话,却因为它们的鲜花和果实而把人们都吸引过来,以至于树下都被踩出了小道。

在当今社会中,人与人的交往强调以吸引力为基础,即使你再优秀再能干,如果你不会"自我展示"也不太容易引起他人的注意。

在有限的时间和空间之内,哪怕是初次见面和一次晚餐上,幽默都能让你一展才华,从而给人留下深刻印象。

幽默的特征之一是温和亲切,富有平等意识和人情味。学会运用幽默的方式,能够提升你的个人品位和绅士风度。

巴顿将军由于职业和性格的关系,他对自己家庭的内部管理,也采取了准军事的模式,凸显巴顿的风格。

在儿子的卧室，他写的是"男兵宿舍"；在女儿的卧室，他写的是"女兵宿舍"；在客厅，他写着"会议室"；在厨房，他写着"食堂"。那么，他们夫妻的卧室应该挂上一块"司令部"的牌子吧！

不是。那上面写的是——"新兵培训中心"。

能够在施展幽默时，保持平稳，有绅士风度，能够控制好各种情绪波动，将幽默的语言平淡地说出来，这是高手。因为越是这样越能和一般的幽默所产生的效果形成强烈反差。因此，温和亲切，不仅能提升自己的品位和风度，更能增强你的语言幽默效果。

幽默能带给你意想不到的吸引力。你总是可以在幽默中发现睿智的光芒。思路清晰、反应敏捷、妙语惊人，是具有幽默感的人的共同特征。他们总是可以从容地面对各种纷繁的场合，下面就以几个竞选的故事，来展现一下具有幽默感的人是怎样用其独特的魅力来保护自己，赢得胜利。

造谣中伤在欧美官场上是常有的事：

加拿大的一位外交官斯切特·朗宁，生于中国湖北的襄樊，是喝中国奶妈的乳汁长大的。他回国后，在30岁时竞选省议员，当时反对派多次诽谤、诋毁他说："你是喝中国人的奶长大的，你身上一定有中国人血统。"

朗宁沉着地回击道："据权威人士透露，你们是喝牛奶长大的，你们身上一定有奶牛的血统。"

这真是绝妙的反击，同时又展示了他的机智，朗宁最终赢得了竞选。

约翰·亚当斯参加美国总统竞选时，共和党人指控亚当斯曾派竞选伙伴平克尼将军到英国去挑选四个美女做情妇。其中两个给平克尼，两个留给他自己。

约翰·亚当斯听了哈哈大笑,说道:"假如这是真的,那平克尼将军肯定是瞒过了我,全部独吞了!"

如果当时亚当斯怒不可遏指责对方的不义,不但不能解释清楚,反而会"越描越黑"。以幽默的语言作答,这种反击不是更加有效吗?最终亚当斯凭借着他的机智、才干和令人羡慕的幽默感当选了,并且成为美国历史上著名的总统。

幽默展示你的知识和品位

有句谚语说:"笑是力量的亲兄弟。"而幽默的笑则是有趣的意味深长的笑。"幽默是一种优美的、健康的品质。"幽默也是一种修养,一门学问。知识是幽默的沃土,幽默是知识的产物。广博的知识使幽默得心应手,左右逢源。我们看下面一个例子:

两个乡下财主站在村头说私房话儿,农夫老田见了,同他们打过招呼就走了。忽然,其中一个财主喊道:"黑老田,站住!"

农夫站住了,对匆匆赶来的瘦财主说:"您有什么事儿?"

瘦财主喘了喘气无中生有地说:"你打断了我们的话把子,赔三石谷,折合洋钱五十块,必须三日之内交清。"

老田回到家里,愁眉苦脸,茶饭不进,只差寻短见了。他的妻子问怎么了,老田照实说了。他的妻子就说:"这有什么可怕的?到时由我对付!"

到了第三天,田妻叫老田上山打柴,自己便在家门口等着。瘦财主来了,劈头就问:"你家老田呢?"

田妻不慌不忙地回答说:"他上山挖漩涡风的根去了。"

瘦财主一听,喝道:"胡说,漩涡风怎么还有根?"

田妻反问:"那么,话还有把子吗?"

瘦财主无言以对,只得愤愤地走了。

幽默是建立在知识与经验的基础上,想成为一位幽默家,必须对古今中外、天南地北、历史典故、风土人情都有所了解,必须对天文地理、声光电化、文法哲经、名人轶事、影星趣闻都有所关注。

"世事洞明皆学问,人情练达即文章"。只有多读书多阅世,多积累知识,扩大知识面,懂得并熟练地按技巧操作,才能登堂入室,修成正果。

隋朝时,有个人很聪明,但说话结巴。官高气盛的杨素,常常在闲暇无聊的时候,把那人叫来说说笑话。

年底的一天,两人面对面地坐着,杨素开玩笑地说道:"有一个大坑,深一丈,方圆也一丈,让你跳进去,你有什么办法出来吗?"

那人低着头,想了想,问道:"有有有有梯子吗?"

杨素说:"当然没有梯子,若有梯子,还用问你吗?"

那人又低着头想了想,问道:"是白白白白天,还是黑黑黑夜?"

杨素说道:"不要管是白天还是黑夜,你能够出来吗?"

那人说道:"若不是黑夜,眼眼眼又不瞎,为什么掉掉掉到里面?"

杨素不禁大笑。又问道:"忽然命你当将军,一座小城,兵不满一千,只有几天的口粮,城外有几万人围困,若派你到城中,不知你有什么退兵之策?"

那人低着头想了想,问道:"有救救救救兵吗?"

杨素说道:"就因为没有救兵,才问你。"

那人又沉吟了一会,抬头对杨素说:"我审审审慎地分析了形势,如如如如像您说的,不免要要吃败败败仗。"

杨素大笑了一阵,又问道:"你是很有才能的人,没有事情不懂得。今天我家里有人被蛇咬了脚,你能医治医治吗?"

那人应声答道:"用五月端午南墙下的雪涂涂涂涂上就好了。"

杨素道:"五月哪里能有雪?"

那人说:"五月既然没没没有雪,那么腊月哪里有有有有蛇咬?"

总而言之,幽默只有扎根知识的沃土,饱吸知识的营养,才能茁壮地成长起来。所以,一个幽默高手,一定要提高自己的知识修养。

幽默是人与人沟通的法宝

幽默感,是一种高雅而可贵的情趣,是智慧和感情的结晶,幽默思维是一种愉快的思维。具有幽默感的人,往往是乐观主义者,为人处世比较灵活,能比较容易地与周围的人,包括上司和下属建立良好的人际关系。

人与人交往,难免发生矛盾、误会和摩擦。但只要我们来点儿幽默,就等于在摩擦得发烫的齿轮中,注入了几滴润滑剂,不致碰得火星四溅,撞得疤痕累累。这是因为幽默具有把人带出尴尬境地,引发笑声化干戈为玉帛的特殊功能。

大家都有这样的体会:和幽默风趣的人相处,会觉得非常轻松愉快,气氛融洽。枯燥的会议,因他在而谈笑风生;朋友聚会,因他而红火热闹;面对严肃的上司,他出语诙谐,松弛其拉长的面孔;面对拘谨的下属,他用轻松的妙语,缓和其紧张的心情。

假如是参与紧张的商业谈判,在激烈的讨价还价之余,来点儿幽默,将有助于顺利地达成协议。反过来,一个不苟言笑、缺乏幽默感的人,其人际关系也会大打折扣,人们见了他往往会"敬而远之"。

幽默对于事业的发展也很有帮助。得体的幽默有助于人们形成良好融洽的人际氛围,良好的人际关系又有助于事业的成功。

幽默者最有人情味,与幽默者相处,每个人都会感到快乐。深受美国人民爱戴的美国前总统林肯的容貌很难看,这本来是讨人喜欢的一个障碍。林肯认识到这一点,但并没有回避它,反而利用它拉近了与人们的距离。

一次，林肯的政敌说林肯是两面派。林肯以平和的态度说："现在，让听众来评评看，要是我有另一副面孔的话，我还会戴这付难看的面孔吗？"

幽默，显示了林肯对自己的达观态度，体现了他的真诚，赢得了人们的理解，更表露了人们所需要的人性和人情味。

幽默是心灵沟通的艺术。人们凭借幽默的力量，打碎自己的外壳，主动地与人交往，触摸一颗颗隔膜的心，通过幽默使人们感受到你的坦白、诚恳与善意。

在严肃的交谈和例行公事般的来往中，往往给人一种戴着假面具的感觉，也似乎只能让人了解你的外表，却无法探知你的内心，这样的交流是极难深入下去的。而没有心灵沟通的社交，不能算是成功的社交。幽默可以让人们看到你的另一面，一个似乎是本质的、人性的、纯朴的一面，这是人性的共同之处。

美国总统里根曾回到他的母校，在毕业典礼上致辞时，他嘲笑自己在学校的成绩。他说道："我返回此地，只是为了清理我在学校体育馆里的柜子……但获此殊荣，我心情十分激动，因为我过去总认为只有得到第一名才是荣誉。"

这一番展示自己另一面的讲演，取得了很好的效果。

奥地利精神分析大师弗洛伊德讲过："最幽默的人，是最能适应的人。"的确，幽默能使我们在社交场合应付自如，轻松化解各种各样的危机和困境。我们都知道丘吉尔那段著名的幽默：

有一次，英国首相、陆军总司令丘吉尔去视察一个部队。天刚下过雨，他在临时搭起的台上演讲完毕下台阶时候，由于路滑不小心摔了一个跟头。

士兵们从未见过自己的总司令摔过跟头,都哈哈大笑起来,陪同的军官惊慌失措,不知如何是好。

丘吉尔微微一笑说:"这比刚才的一番演说更能鼓舞士兵的斗志。"效果的确如丘吉尔所戏言的,士兵们对总司令的亲切感、认同感油然而生,必定会更坚定地听从总司令的命令,去英勇战斗。

可以说,幽默是社交成功的法宝。运用幽默的力量,我们就能通过成功的社交,走上成功的道路。

幽默能促使人际关系和谐

幽默在人际交往中的作用是不可低估的。美国一位心理学家说过:"幽默是一种最有趣、最有感染力、最具有普遍意义的传递艺术。"

幽默的语言,能使社交气氛轻松、融洽,利于交流。人们常有这样的体会:疲劳的旅途上,焦急的等待中,一句幽默话,一个风趣故事,能使人笑逐颜开,疲劳顿消。

在公共汽车上,因拥挤而争吵之事屡有发生。任凭售票员"不要挤"的喊声扯破嗓子,仍无济于事。

忽然,人群中一个小伙子嚷道:"别挤了,再挤我就变成相片啦。"

听到这句话,车厢里立刻爆发出一阵欢乐的笑声,人们马上便把烦恼抛到了九霄云外。

此时,是幽默润湿缓解了紧张的人际关系。

在人际交往中,还可以寓教育、批评于风趣的幽默表达之中,具有易为人所接受的感化作用。

在饭馆里,一位顾客把米饭里的砂子吐出来。一粒一粒地堆在桌上,服务员看到了很难为情,便抱歉地问:"净是砂子吧?"

顾客摆摆头说:"不,也有米饭。"

"也有米饭"形象地表达了顾客的意见,以及对米饭质量的描述。运用幽默语言进行善意批评,既达到了批评的目的,又可以避免使对方难堪的场面。

幽默还有自我解嘲的功用。在对话、演讲等场合,有时会遇到一些尴尬的处境,这时如果用几句幽默的语言来自我解嘲,就能在轻松愉快的笑声中缓解紧张尴尬的气氛,从而使自己走出困境。

一位著名的钢琴家,去一个大城市演奏。钢琴家走上舞台才发现全场观众坐了不到一半。见此情景他很失望。

但他很快调整了情绪,恢复了自信,走向舞台的脚灯旁对听众说:"这个城市一定很有钱。我看到你们每个人都买了二三个座位票。"

音乐厅里响起一片笑声。为数不多的观众立刻对这位钢琴家产生了好感,开始聚精会神地欣赏他美妙的钢琴演奏。正是幽默改变了他的处境。

需要指出的是,幽默虽然能够促进人际关系的和谐,但倘若运用不当,也会适得其反,破坏人际关系的平衡,激化潜在矛盾,造成冲突。

在一家饭店,一位顾客生气地对服务员嚷道:"这是怎么回事?这只鸡的腿怎么一条比另一条短一截?"

服务员故作幽默地说:"那有什么!你到底是要吃它,还是要和它跳舞?"顾客听了十分生气,一场本来可以化为乌有的争吵便发生了。

所以,幽默应高雅得体,态度应谨慎和善,不伤害对方。幽默且不失分寸,才能促使人际关系和谐融洽。

要知道,每种幽默形式都有它的缺点和不足,当我们了解到它们的缺点和局限性后,在运用时,就会有很大的益处。

著名作家布莱特的仆人就很清楚这个道理。

有一次,布莱特因故迫不得已辞退那个仆人,并给他写了推荐信,他说:"我在信中说你是个诚实的人,并且忠于职守,但是我不能写你是个清醒冷静的人。"

那个仆人说:"您不能写上我经常是清醒的吗?"

有位不同意禁酒的人说话也有意思,他在引诱他人相信喝酒的害处后,却旗帜鲜明地表明了自己的观点。

有位演说家在讲到喝酒的害处时,不禁喊道:"我看应当把酒统统扔到海底深处去!"

听众之中有个人说:"我赞成。"

演说家更加激动:"先生,应恭喜你,我觉得你是一位富于牺牲精神的男士。请问你从事什么工作?"

"我是深海潜水员!"

以上的例子告诉我们,只要运用适当的幽默方式,不仅可以为人与人的沟通创造条件,而且有助于推销自己。

比如,在同事工作出现了失误时,千万不要用刻薄的语言去挖苦,那样你会失掉他的信任和支持。这时,不妨借助于幽默,如能和对方一道笑起来,效果就会更好些。

一位经理对下属说:"我急需4份报表,请立即复印,快一点!"

下属立即动手,按动了快速复印的按钮,印了14份报表。

经理说:"真笨!我用不着这么多!"

下属只好笑着说:"真对不起!可是您已经急到这种程度了。"

两人都笑了起来。

这个幽默顿时缓解了紧张的空气,使这位上级接受了下级巧妙的批评并且与下级建立了亲密的共事关系。

在日常的市场交易中,当公司与客户之间发生某种问题时,幽默也能起到作用。比如,"三角债"问题。客户欠账越来越多,偏偏这客户又是老主顾,只好由经理出面来解决。

经理在约对方吃饭时说:"感谢你同我们做了许多生意。只是你的账已延期了近一年,是不是留着钱给我们公司'下崽'?"

这样用半开玩笑的方式委婉地表达了经理"讨债"的话题,有助于问题得到解决。

幽默可以摆脱沉闷气氛

在生活中,我们有可能要去应付不合理的要求、令人不快的行为,或者闹得不像话的场面。这时你如何应对呢?

当百货公司大拍卖,购货的人又推又挤的时候,每个人的脾气都犹如枪弹上膛,一触即发。有一位女士愤愤地对结账小姐说:"幸好我没打算在你们这儿找'礼貌',在这儿根本找不到。"

结账小姐沉默了一会儿,说:"你可不可以让我看看你的样品?"那位女士愣了片刻,笑了。

有人想平息餐桌上的争论,便提出了一个十分意外的问题:"诸位,刚才是一道什么菜?大概是鸡!"

"是的。"一位客人回答。"一定是公鸡！"这人一本正经地说，"原来是鸡在作祟，难怪大家要斗起来。"说完他举起酒杯："来点灭火剂吧，诸位！"一场餐桌上的舌战顷刻间平息了。

作家欧希金也曾以幽默摆脱了一个困境。他在他的《夫人》一书中，写到了美容产品大王卢宾丝坦女士。

有一次，欧希金在家宴中，有一位客人不断地批评他，说他不应该写这种女人，因为她的祖先烧死了圣女贞德。其他客人都觉得很窘，几度想改变话题，但是都没有成功。

谈话越来越令人受不了，最后欧希金自己说："好吧，那件事总得有个人来做，现在你差不多也要把我烧死了。"

这句话马上使他从窘境中脱身出来，随后他又加上一句妙语："作家都是他的人物的奴隶，真是罪该万死！"

作为一个社会人，在与别人交往的过程中，难免会遇到一些尴尬的场合，如果在那种情况下，你能从容地开个玩笑，令人紧张的气氛就可能消失得无影无踪，你的朋友还会被你的魅力所吸引，被你的宽广胸怀所感动，进而钦佩你，真正接受你。

幽默能够使人摆脱困境

幽默的话语，可使人反败为胜，摆脱困境，赢得他人的尊重。

有一位叫阿芳的姑娘，虽然没有出众的容貌和迷人的身材，但为人性情开朗、正直、幽默，许多人在和她交往几次之后，往往就被她的幽默所吸引，不知不觉地感受到她的魅力。

有一次，阿芳参加同学聚会，和同学们回忆着大学时代的美好生活。不料主人在招呼客人时,一不小心将一盆水打翻,全洒在了阿芳的脚上,把她那双新皮鞋泼湿了。

主人不知所措,显得十分尴尬。阿芳却不慌不忙地说:"一般正常情况是洗脚之前先脱鞋。"一句话,使满屋的人都笑了起来,难堪的气氛也一扫而空,大家更加佩服阿芳姑娘。

在社交场合,说话带些风趣和幽默更能体现出一个人的修养和礼仪,也表现出其人格魅力。在生活中,可依靠幽默化解尴尬的情况是非常多的。

某高校一位姓严的古汉语教师,学识渊博,治学严谨,教学时严格训练,严格要求。一日,当他走进课堂,见黑板上赫然写着"严可畏"三字。该老师不愠不怒,只见他停下来,对学生朗声说道:"真正可畏的是你们!"

学生们一时不知所措。严老师接着说:"不是吗?后生可畏嘛!为了让你们这些后生真的可畏,超过我们这些老朽,我这严老师怎可名不副实呀!"(掌声笑声)。

由"严可畏"三字,严老师准确地捕捉到学生们因严格训练、严格要求而生发的"积怨"与"不满"。先是冷静地予以宽容,进而曲解"可畏"二字,并且一语双关,含蓄幽默地表达出必须"严"的道理以及要继续"严"下去的决心,既宽容有度,又严格适中。

一个冬晨,郊区开来的火车到站时又晚了25分钟,一位常遇见这种情形的旅客问列车长,这次又是什么缘故。列车长说道:"碰到下雪,火车总难免误点的。"

"可是今天并没有下雪啊。"旅客说。

"不错,"列车长说道,"可是,根据天气预报今天下雪。"

虽然列车长并未回答旅客的问题，相信听了列车长的话，旅客一定生气不起来了。这就是幽默的力量之一。

下面这个例子，也是用幽默化解别人的指责的"经典之作"：

> 在美国的一所学校里，一位女教师在课堂上提了个问题："'要么给我自由，要么让我死'，这话是谁说的？"
>
> 教室里鸦雀无声，女教师脸上一片失望。这时，有人用不熟练的英语答道："1775年，美国国务卿巴特利克·亨利说的。"
>
> "对，同学们，刚才回答的是一位日本同学。你们生长在美国却回答不出来，而来自遥远的日本的同学能回答，多么可怜哟！"
>
> 这时，从教室的一角突然发出一声怪叫："把日本人干掉！"
>
> 女教师听到叫声，气得满脸通红，大声问道："谁？这话是谁说的？"
>
> 静了一会儿，教室的一角有人答道："1945年，杜鲁门总统说的。"

1945年，杜鲁门总统对日作战宣言，可说是美国人的精神原子弹。而教室里冒出的这句话，只能是笑的"原子弹"。妙的是，那位学生引用得那么贴切、合时。

失言，是容易被人谅解的，因为有很多是出于无意的。正所谓"马有漏蹄，人有失言。"在日常交谈中，难免说滑了嘴，出现了纰漏而使自己陷入窘境。

> 有一个人在一次会议上和一位要人谈话，为了想使谈话活泼轻松，于是很随意地说道："看那一位穿圆点花衣服的女人，看到她我就反胃！"
>
> 没想到对方这样说："那是我的太太。"

可想而知，当时我的朋友听到这话时的处境是多么无地自容。

这也难怪，这样的窘境总是特别地难以补救，但并不是所有的困境都是这样。

果戈理有一句话："理智是最高的才能，但是如果不克制感情，它就不可能获胜。"如果说，我们在遇到尴尬的局面时都是心慌意乱，不能控制自己的感情的话，在这种特殊的场合下自然会穷于应付。这时，我们不妨来个将错就错。

清代著名学者纪晓岚机巧善辩，机智过人。有一次，乾隆想开个玩笑为难纪晓岚，便问他："纪爱卿，忠孝怎么解释？"

纪晓岚答："君要臣死，臣不得不死，为忠。"

乾隆立即说："我以君的身份命你现在去死！"

"这……"纪晓岚没料到他竟然会这么说，"臣领旨！"

"你打算怎样死？"

"跳河。"

"好，去吧！"

但纪晓岚走了一会儿，又跑回来了。

乾隆问："纪爱卿，你怎么没死？"

纪晓岚答："碰到了屈原，他不让我死。"

"此话怎讲？"

"我到河边，正要往下跳时，屈大夫从水里出来，拍着我的肩膀说：'晓岚，这就不对了，想当年楚王是昏君，我不得不死。你应该先问问当今皇上是不是昏君，如果皇上说是，你再死也不迟啊！'"

就凭这一句，不仅抑制了皇帝的"圣旨"，也化解了困境。一场尴尬就在轻松幽默中消失。

幽默是增进友谊的桥梁

幽默到底是什么？是欢笑、娱乐、快感？是荒诞、滑稽、诙谐？是揶揄、嘲弄、戏谑？这些都与幽默有关，都能在一定的条件下引发幽默感，但它们又都不能等同于幽默。

那么幽默是什么呢？这个问题难倒了古往今来许多大哲学家和思想家。无怪乎有人说，幽默像太平洋百慕大三角区那样神秘，像达·芬奇笔下蒙娜丽莎的笑容那样微妙，像数学领域中哥德巴赫猜想那样深奥。

这样说来，笑的确是调节人们感情和情绪的"润滑油"。我们来看另一个幽默的例子。

有一次，著名作家马克·吐温在法国旅行，在去迪照恩的火车上，他十分困倦，打算睡上一觉。因此，他请求列车员在火车到迪照恩时把他叫醒。

他首先解释说他是一个非常嗜睡的人："当你叫醒我时，我可能大声抗议。"他对列车员说，"不过，无论如何只要把我弄下车去就行了。"

于是，马克·吐温睡着了。

当马克·吐温醒来的时候，已经是深夜，并且火车已经到了巴黎。他立刻意识到列车员在迪照恩时忘记把他叫醒了，他非常生气。

他跑向列车员并冲他大声嚷道："我一生从来没生过这样的气，也没有发过这样大的火。"

列车员平静地看看他说："你的火气还没有我在迪照恩推下去的那个美国人的一半大呢！"

列车员的幽默，让我们在快乐中原谅了他的粗心大意。难怪有人认为"男人情愿承认自己犯了叛国罪、谋杀罪、纵火罪，装了假牙，戴了假发，也不愿意承认自己缺乏幽默感。"甚至有人认为:"对于一个有幽默感和两条腿的人来说,如果不能两全,最好是失去一条腿。"

可见,幽默在文明社会中已经成为人们精神生活的一个重要方面。越来越多的人在谈论幽默和探讨幽默、使用幽默、感受幽默。那么幽默具有什么特性呢?

在一个公司或一个家庭,当人们工作紧张都有了疲劳感时,同事中或家庭成员中如有人出来讲段幽默故事,室内空气立即就会变得轻松活跃。这里有这样一则幽默故事:

三个人在争论何种职业最先出现在这个世界上。一位医生说:"当然是医生这一行,因为上帝是最伟大的治病家。"

第二个是工程师,他说:"不,是工程师最早,因为《圣经》上说,上帝从混沌之中创造世界。"

第三个是位政治家,他说:"不,你们两位都错了,是政治家最早。你们想那混沌的状态是谁造成的?"

笑,在社会生活中不仅对人体健康有益,而且在人群中可以增进友谊,缓冲矛盾,消除隔阂。笑还是增进友谊的桥梁和纽带,我们来看下面这个幽默。

马克思与诗人海涅有着十分深厚的友情。有一年,马克思受到法国当局的迫害,便匆匆忙忙离开了巴黎。临行时,他给海涅写了一封信,信中说:"亲爱的朋友,离开你使我痛苦,我真想把您打到我的行李中去。"

把人打到行李中去这是不可能的事,马克思在同海涅开玩笑,与对方开了个玩笑,显示了两人的珍贵情谊。

如此看来,幽默确属引发笑声的艺术,在各式各样幽默作品面前,人们笑得那么开心，笑得前仰后合，笑得泪流不止。人们向往着欢声笑语，所以，我们绝不可以小看了"哈、哈、哈……"大笑几声的作用。

幽默并不是讲笑话，它比笑话更有深度，产生的效果比笑话更强，比哈哈大笑或咧嘴一笑更能得到回报。幽默也不一定要引人发笑，当然它也通常由笑来帮助我们把幽默播撒出去。

幽默使人容易获得信任

准确地表达自己的幽默，有时常常能使人对你产生信任和同情。

卡尔曾经担任过美国电话电报公司的最高行政领导。在他任职期间，有一次主持股东会议，会中人们对他提出了许多质问、批评和抱怨。会议气氛颇为紧张。其中有一个女人不断提出质问，说公司在慈善事业方面的投资太少了。

她厉声问："去年一年中，公司在这方面花了多少钱？"

卡尔说出一个几百万元的数字。

"我想我快要晕倒了！"她说。

卡尔面不改色地解下自己的手表和领带，放在桌上，说："在你晕倒之前，请接受这笔投资。"

在场的大多数股东笑起来。

他的幽默表达了一个重要信息：即企业很重视人性的需要，他本人也确实关心。如果有必要的话他可以牺牲自己，但资金有限也是事实。

卡尔在一分钟之内就使人产生了信任和同情，而他仅仅只采用了幽默的一个形式，戏剧性地表达自己的观点。那个女人也并不会晕倒。一句幽默的戏剧性语句和一个幽默的戏剧性行为，其效果远远超过了一份长篇小说般的工作报告。

在加州有这样一个显然具备领导能力的大学毕业生。他正急于寻找工作,几乎是冲进加州一家报馆,对经理说:"你们需要一个好编辑吗?"

"不需要。"

"那么记者呢?"

"不需要!"

"那么排字工人"

"不,我们现在什么空缺也没有!"

"那么,你们一定需要这个东西。"这个大学生从公文包中拿出一块精致的牌子,上面写着"额满暂不雇用"。

经理看了看牌子,笑起来。他立刻给老板打了个电话,把这件事说给他听。随后,经理笑嘻嘻地对他说:"如果你愿意,请到我们广告发行部来工作。"

有人问那位大学生:"既然你接受了这项聘请,那么一开始为什么要提到编辑和记者呢?"

大学生说:"我是要让他明白,我的能力可以应付任何工作。"

"那么这块牌子呢?"

"引起他的兴趣和同情。即使我失败了,它也会提醒我说,这是'暂不雇用'。"

后来这个年轻人成了这家报馆出色的经理,他使报纸的日销售量从五六万份提高到30多万份。

在纽约太平洋食品商场,有一个很能干的店员。他的营业额总是名列前茅,老板十分赏识他,在不到一年的时间内,就给他加了4次工资。这就引起了其他店员的不满,他们开始制造谣言,在老板面前说些诽谤的话。

老板决定考察一下这个店员,他对他说:"请你向我解释一下,你为什么处理不好同事之间的关系呢?"

这位店员说:"因为我使他们生气了。"

"原因呢?"

"很简单,你看。"

这位店员当着老板和顾客的面称两包糖果。第一包,他舀起一磅多糖果,然后在称的时候,拿掉多出来的糖果。第二包,他舀取不到一磅的糖果,然后把它加到一磅。结果那位顾客把钱塞进自动收款机,抓起第二包就走了。

"就这样,"店员说,"我们之间是第一包和第二包的矛盾。"

这位店员也采用戏剧性的方法,表达出他和同事的分歧之所在。老板对此大为赏识,在第二年的年初又给他加了一次工资,并提拔了他。如果这位店员不采取这种方式,相反,他把自己猛夸一阵,把别人奚落一顿,那么他在老板心目中将是个什么样的人呢?

所以,采用戏剧性的幽默方式表达自己的观点,往往能一下子给人以深刻的良好印象,使别人对你的观点从一开始就有了信任的基础。

第二节　幽默使工作锦上添花

幽默能融洽上下级关系

身处高位的各企事业单位负责人,在人们的心目中往往有一种高不可及的印象,以至于使人有时避之唯恐不及,他们自己也要唏嘘感慨:高处不胜寒!

故而,有远见的高层人士,往往希望运用幽默力量来改变他们在公众之中的形象,改善大家对他所领导的公司的看法。

有一次,美国300多家大公司的行政主管,参加一项幽默意见调查,发现了许多人们以往所忽略的事实：

97%的主管人员相信："幽默在商业界具有相当的价值。"

60%的人相信："幽默感能使人决定一个人的事业成功的程度。"

克雷夫特公司总裁毕尔斯认为：幽默对于主管人员是十分重要的，"它是表示一个主管是否具有活泼的、有弹性的心态的重要指标。"毕尔斯认为："这样的人通常不会把自己看得太严重，而且比较能做出好的决策。"

当你作为一个部门的主管人或者一个组织的决策者，你也应以欣赏他人的方法来赢得部属的拥护。在这种情况下，你首先应该考虑，如何才能让下属真正喜欢你。所以，你就必须注意捕捉那些发生在下属身上的有趣的事情，并以有趣、幽默的方式加以赞赏，这样，就会增加部属对你的喜欢和爱戴。

一家大公司的财务主管在开完业务会回到办公室时，发现职员们聚在办公桌旁，哼唱着，谈笑着，但他一出现在门口，职员们立刻各就各位，马上埋在公事堆里，仿佛一刻也没离开过各自的座位。

这位主管人并没有表示不高兴，而只是笑着说："看来你们还不精于此道，还是让我发现了。"

职员们不由得微笑着抬头望着他。

他这样做只是更增加了部下对他的喜欢和了解。同样，也就沟通了他和部下的交流。

如果你是个领导者，更应该表现出开明豁达的领导者风度。特别是当别人取笑你时，你就更应该用幽默的方式，以关心他人的方式，来邀请他人同你一起笑。

一位经理对天天见面开电梯的小姐说："请尽快把我送到第19楼。"

"对不起，经理，这座大楼只有18层啊！"小姐为难地说。

"没关系，小姐！尽力而为。"经理充耳不闻地说。

小姐先还一呆，马上不禁笑了起来。

这位很有幽默感的经理故意这样说，是想让这位工作单调的小姐能有轻松一下的时候。这样的上级谁不喜欢接触和尽力工作呢？只用一个小幽默，就融洽了上下级关系。当然，人们可以有理由认为，这位经理在处理更为重大的事情时，应该是有能力的。

通过幽默使自己的形象更人性化。幽默是一门社会交往的艺术，是人与人相处的润滑剂。幽默的上司不但受员工爱戴，公司的气氛也会为之开朗，从而提高员工的工作意念。在座谈会上就常有人表示："我的上司幽默有趣，深具开朗的气质，我做起事来也格外有干劲。"

幽默可以缓解工作压力

在当今竞争异常激烈的社会，工作压力已经成为上班族的主要压力，如果能处理好这方面的压力，那么压力有可能转化为动力。但如果处理不好，就会使人心烦意乱，失去工作积极性，压力就会成为阻力。因此，为了提高工作效率，使自己工作轻松一些，可以采取自我调节的方法来缓解一下工作压力。

幽默作为自我调节方法中重要的一种，它能帮助我们消除因工作而来的紧张，驱逐挫折感，并有助于解决问题。

马氏一家人专门从事危险的行业，就是用炸药毁坏建筑物。我们可以理解他们做这一行工作，心理上会有多紧张。但是马氏一家人用幽默力量来消除紧张，他们常和当地记者聊天，说些荒谬的故事。

有一次在大爆破工作之前，新闻记者问他如何处理飞沙和残砾？马明一本正经地解释道："我们向一个生产包装袋的公司订制了一个特大的塑料袋，然后直升机在大楼上空把它扔下来。"

记者为这虚构的笑话笑弯了腰。而第二天马氏兄弟从报上读到这一则新闻时,也爆发出阵阵笑声而松弛了紧张的心情。

幽默的语言可缓解人们在工作中的紧张情绪。用它来缓解工作压力,会比一些抽象的理论更奏效,显示出语言的最佳效能。有时候,与同事开开玩笑也能缓解工作中的压力。

两位保险公司业务员争相夸耀自己的保险公司付款有多快。第一位说,他的保险公司十次有九次是在意外发生当天,就把支票送到保险人手里。

"那算什么!"第二位取笑说,"我们公司在李氏大厦的23楼。这栋大厦有40层高。有一天我们的一个投保人从顶楼跳下来,当他经过23楼时,我们就把支票交给他了。"

我们和同事开玩笑,与同事一同笑的过程中,我们在缓解了自己的工作压力的同时,也用幽默帮助同事用更轻松的态度工作。有时候,一个职员要负责的工作种类很多,头绪纷杂,很容易因工作压力过大而产生烦躁情绪。这时候他们尤其需要幽默的帮助。

小丽是一家大公司的总经理助理。她得应付访客、电话、同事和老板。空闲的时候,还必须打字。小丽在繁杂的工作中需要幽默,拥有它,并运用它。有时,某些自以为是的人来电话,还会给她出难题。

那人在电话中说:"我要和你的老板说话。"

"我可以告诉他是谁来的电话吗?"小丽问。

"快给我接你的老板。"来电话的人坚持道,"我现在马上要和他说话。"

"很抱歉。"小丽温婉地说,"他花钱雇我来接电话,似乎很傻。因为十个电话中有九个是找他的。"

　　来电话的那个人笑了,然后把他的名字和电话号码告诉了她。

　　小丽巧用幽默,恰当地帮自己缓解了工作压力。幽默可以在帮助人们缓解工作压力上起到一定的作用,但是幽默不是万能的,造成工作压力的原因也是多种多样的。

　　工作是我们赖以生存和发展的手段。工作中,我们有成功的欢乐,也有失败的酸楚;有晋职的喜悦,也有加薪的愉快。但更多的是人际关系的不协调,上下左右的不相容。如果运用幽默,我们的工作肯定会一帆风顺,卓有成效。

　　无论是在人事变动时被派到分公司,或转任较低职位的工作,都无须气馁颓丧。因为世事变化无常,就算被分至分公司,也是培养实力的大好机会。

　　某公司的职员被外调至分公司服务。决定人事变动的经理以安慰的口吻对他说:"喂!你也用不着太气馁,不久以后,我们还是会把你调回总公司来的!"

　　那位被调的职员以第三者旁观的口气,毫不在乎地说道:"哪里?我才不会气馁呢!我只不过觉得像董事长退休时的心情而已。"

　　这才是一个能做精神上深呼吸的人,面对外调,他不气馁,他懂得靠幽默来调节自己,从而能够使自己以良好的心态投入到新的工作中去。面对工作中的困难,我们除了要调节好自己的心态外,还能通过运用幽默与人分享笑,寻找一个共同的目标。

　　不论你从事的是什么行业,不论你是个生手或熟手,老板或属下,幽默力量都能帮助你与他人的沟通和交往,帮助你解决工作中的问题并顺利渡过困难的处境。

　　工作中,面对自己的成就不能骄傲自夸,这会拉开你和别人的距离,使自己站在了所有人的对面,这时不妨运用幽默,调侃一下自己的光荣和优点。

1950年，当布劳先生被任命为美国钢铁公司董事长时，有人问他对这个新职位的感想。他不愿表示兴奋，也不准备庆祝一番。

"毕竟，"布劳先生说，"这不像匹兹堡海盗队赢了一场棒球。"

布劳先生的幽默以对，显示出他为人不骄傲不自夸，能以新的眼光看待自己的荣耀，强化了自我形象，也更能赢得别人的尊敬。

我们认为"谦虚是美德"，并不是说凡事都要过于谦让，不与人争。在靠着自己的才能取得工作成绩时，我们一方面要强调那只是"幸运"或"大家的帮忙"，另一方面也要用委婉的方式表明自己的努力也是取得成功的关键。必要时，甚至不妨幽默地吹嘘一番。

一位外语能力很强，兼通各国语言的人，他可以很幽默地自夸说："我可以用英语、法语、德语、西班牙语来保持沉默，可是一旦有话要说，则只说英语。"

乍听之下，好像他说的仅仅是很谦逊的话，事实上他幽默的话语中却充满着自信的自我宣传。有时候，对于工作成绩非常明显的人来说，即便是幽默的自我夸耀也是不必的，因为，他所做的一切都早已经在别人的眼里和心里了。

这时候，他可以通过批评自己工作中的小失误的幽默方式来表现自己的谦虚，赢得员工、同事、上级等人的好感。

亨利在26岁时，担任了福特汽车公司的总裁，以前公司亏损严重，他上台后，大胆变革，扭亏为盈，虽然工作中也有许多小失误，但最终还是取得了很大成绩。

有人问他，如果从头做起的话，会是什么样子。他回答说："我看不会有什么非同寻常的作为，人都是在错误和失败中学到成功的，因此，我要从头来过的话，我只能犯一些不同的错误。"

亨利回避问话者的语言重点，故意避开自己的成绩不谈，反而拿自己在工作中的失误做谈论的话题，给人谦虚和平易近人的感觉。

最后，还要注意，面对工作成就，当你以幽默的方式表达出来的谦虚应该是一种发自内心的、真诚的表达。

幽默能解决工作难题

在人们的日常工作中，常常会遇到这样那样的难题，这个时候，如果能够巧妙运用幽默，说不定无形中就解决了很多问题。

麦克·阿里斯特是某大航空公司的主管工程师，被派去参加会议，讨论要不要将新型喷气引擎装在逾龄的飞机上。会上争论非常激烈，装与不装对立的两方争执不下，最后讨论会的主席打破了这种沉闷的气氛。

他说："这些老飞机就像老祖母，为老飞机装新引擎就好像替老祖母隆乳，虽然可能很浪费，也可能不浪费……不管怎么样，老祖母一定觉得很开心。"

笑从口出，思绪也同着笑，而更加敏捷。

幽默帮助人们解决了工作中碰到的难题。实际上在我们的工作中常常会碰到像上面所举的例子或其他类型的难办的事，用正常的方法很难解决，有时还得向幽默求救。

有一家航空公司的统计工程师，每年依惯例要向飞行员简报飞机性能的标准。统计工程师担心飞行员不会注意到他制作的统计图表，甚至怀疑有的飞行员不了解图表上曲线的含义。

他灵光一现，就在曲线的一端画上耀眼的太阳，表示性能良好，曲线的另一端画雨云表示性能差。

飞行员对他这一招非常喜欢，因而特别注意他的讲解，从统计表略更多的东西。这位工程师用幽默达到了他的目的。

幽默不仅能有效地解决问题,而且还能改变工作中与上级、下属和同事的关系,这对你出色的工作是万不可少的。

有时,做错了事情,如果一本正经地去解释,领导可能不会谅解,而使用幽默的态度,效果反而不错。

上班迟到了,用什么方法来解围呢?"哎呀!我昨天加夜班,今晨好累,搭车竟然睡过了站。"可能会得到上司的同情。

杨杰所在公司的社长对下属非常严厉,公司员工都叫他雷公。

杨杰到外面办事回来,看到社长位子是空的,以为社长不在,就对同事说:"雷公不在吗?"

说完发现屏风另一边,社长正在与客户谈生意。社长听到了他的话。他坐立不安,以为大祸临头,客户走后,杨杰来到了社长身边,惊恐地向社长道歉。

没想到社长微笑道:"我们的雷公并不一定夏天才会响的。"

杨杰听到了这句话,比平常挨骂效果好上百倍。从此,他再也不敢叫他雷公了,因为他有了反省的机会。

由此可见,上司在责备下属时,最好在言语中带有幽默语气,面带笑容地说出,这样一方面保住了对方的自尊心,又能达到责备的效果,你的下属只会更爱戴你。

办公室是工作的场所,建立良好的工作环境是十分必要的,如果你常给人们带来幽默、带来笑声,不仅可以活跃气氛,还可以招来同事们的喜欢。

当然,也可以用俏皮话与同事开玩笑,比如可以说:"你们这些家伙够快了,才来一星期,工作进度已经落后一个月了。"再有"你的工作算是轻松的,我们那儿人事变动太快,桌上不用年历,只有周历"等,都可树立你幽默风趣、讨人喜欢的良好形象,为与同事们的相互支持、相互协调打下好的基础。

幽默能提高经济效益

现代生活,是以经济组合的,利用风趣幽生活一默,有时可达到经济的实现效益。

  本田一郎是日本家庭配置药的推销员,负责配制药到各个家庭,几乎每半年就要拜访一次客户,如补充药物或是收取费用。本田一郎要访问家庭时,就会送些小孩的玩具,或是变些魔术,耍些小把戏,给那些人家的小孩欣赏,逗得他们哈哈一笑。

  那些玩意都是很单纯的,不需要舞台道具就能表演,因为很受孩子欢迎,所以推销往往很成功。

  他道出其中的秘诀,他说:"我的口才不好,因此常常输给其他推销员,所以我就学会变魔术,逗他们乐,甚至教些小孩子玩,这种魔术都是简单易学的,所以孩子们都喜欢我。"

本田一郎的口才并不好,但却取得成功,主要靠的是幽默手段,他通过变魔术这个逗人发笑的手段,取得了孩子们的信任与喜欢。好的人际关系,必然带来好的商业收获。

  所以推销的时候,适当地发挥幽默,必能使对方印象良好,交易的成功率明显提高。

  有一位王先生到李先生的公司拜访,当他二人一见面时简直吓了一跳,因为李先生的身高只有158厘米,而王先生大概有195厘米,这实在是相当大的距离。李先生马上说:"哇!你好高我真羡慕你。"

  王先生也笑着说:"不!我太高了,应该跟你中和一下才刚好。"此言一出,二人都笑了起来,此后谈话便显得轻松又愉快,交易也很快谈成。

面带微笑的销售服务，不仅能给对方产生好感，同时，也可使你在顾客心中留下很好的印象。

有一位有些秃顶的男士在柜台前看商品，售货员走上去对他说："先生，买顶游泳帽吧，好保护您的头发。"

顾客说："笑话，我这几根头发，数都数得过来。"

售货员机智地说："可戴上游泳帽，别人就数不清您的头发了。"

风趣幽默的最重要一点，就是能让彼此在笑声中，产生经济效果。

还有一位女士买了一条黑狐围巾，她去找商店说："你们真是是奸商，我花了大价钱，买了你们一条黑狐围巾，不料遇到雨，黑色褪了，变成了褐色。"

皮货店经理并没有急于辩解，也不生气，而是幽默地一笑说："狐狸精真厉害，做成了围巾，竟还能变化！"

幽默的话语，缓解了双方紧张对立的气氛，为下一步解决问题，奠定了良好的基础。

幽默使上司笑口常开

上司与下属的关系，首先是一种领导与被领导的关系，但是除此之外，双方还应该建立友爱合作的关系。作为一个下属，在恰当的时间、场合，和上司开一个富有幽默情趣的玩笑，在搞好同上司的关系方面，可以收到非常好的效果。

不过，俗话说：伴君如伴虎。在个人关系上还需要主动与上司保持合适的距离，距离太远了不好，距离太近了也可能会很糟。

其实，让老板笑口常开不仅仅是找到工作之后的事情，在找工作的过程中，求职者就可以运用幽默的力量逗得老板一开笑口。

找到一份称心如意的工作，是求职者最大的心愿。但求职不易，有时我们在苛刻挑剔的雇主面前一筹莫展。这时，何不借助幽默的魅力让面试你的老板笑一笑，这对你取得面试的成功必然会有助益。

一个人在外面找工作，他来到麦当劳。老板问他会做什么，他说我什么都不会，不过我会唱歌。

老板说你就唱一首试试，于是他就开始唱了："更多选择更多欢笑，就在麦当劳！"

老板一听就乐了，接着问了他一些对麦当劳有什么了解之类的问题，最后，他被顺利录用了。

上面的例子中，求职者在面试中借助了幽默的力量，他首先就以唱歌的方式说出了麦当劳的广告语，表明了自己对麦当劳是很关注的，也有一定的了解。他在博得老板一笑的同时，获得了老板的好感。

工作太累的时候，难免会偷懒，这时候如果被老板看见了，你该怎么办呢？

有一个建筑工人在工地里搬运东西，每次只搬一点。工头不得不开口说话。工头以纠正的口吻对他说："你想你是在做什么？你看看别人搬那样重的东西！"

"嗯哼，"工人说，"如果他们要懒到不像我搬这么多回，我也拿他们没办法。"老板被他逗笑了。

工人以幽默的口气为自己的偷懒行为辩解，老板即使会批评他，也会比较随和，责罚也会比较轻。假如你对于装疯卖傻的演技颇有心得，无妨也在对您颇有微词的老板面前，以若无其事的态度告诉他下面的小笑话，且看他的反应又如何呢：

"幸好我已经娶老婆了。"

当然，你的老板无法了解你这一句话的意思，必定会一副茫茫然的样子，莫名其妙地看着你！

就在这时候，你可以不声不响像自言自语地对自己说："所以我现在才习惯别人对我的唠叨了……"

如果你能够微笑着说的话，你的老板也必会露出会心的一笑！而就在你表现出沉着的大家风范，且老板又似乎对你放松敌意时，就正好有机会使他改变对你以往的错误观念。

让你的老板笑口常开，你的工作就能进行得更加顺利。

幽默能使你苦中作乐

幽默，可以让人觉得醇香扑鼻，隽永甜美。幽默，可以把别人的心吸入你的幽默磁场，在一起笑的时候，使彼此的感情产生交流。

如果我们在工作中遇到了什么困难，难以解决，就可以适当地运用幽默这个武器，促进问题的解决。

一个居民的房屋漏雨，每次请求修缮都没有结果。一天，物业领导视察民情，也问及他的房子一事。

人们以为他会大诉其苦，却没想到他微微一笑说："还好，不是经常，只是下雨时才漏。"他的妙语博得领导一阵大笑。几天后，修房问题妥善解决。

凡人的幽默，可以使愁眉不展者笑逐颜开，也可以使泪水盈眶者破涕而笑；可以为懒惰者带来活力，也可以为勤奋者驱除疲惫；可以为孤僻者增添情趣，也可以使欢乐者更加愉悦。

唐恩是牛津大学哲学系毕业的，毕业后找不到工作，一直失业在家。后来，一位大学同学介绍他到动物园打工，他很高兴地去了。原来动物园有只老虎生病送医院，要他穿上虎皮暂代一下。他想反正也没人看得出是他，就答应了。

穿上虎皮进了兽笼后，他就很尽职地走来走去装老虎。没多久，兽笼打开，竟然又进来一只老虎，他吓得一直往角落退；而那只老虎一直向他逼近……最后退到无路可退时，那只老虎说话了："老兄别怕！我是剑桥哲学系的！"

工作中有苦有乐，这位牛津大学哲学系的唐恩同学在困窘之中的一份工作经历就让人忍俊不禁，他认为自己一个名校生去装扮动物有些不好意思，谁知另一个装扮老虎的竟然是剑桥的。名校生去动物园工作的现实，揭示了职场竞争的残酷。

幽默为工作带来好人缘

幽默是一种最生动的语言表达手法，与幽默的人相处，谈话是一件非常有趣的事。在工作中遇到难题，如果这时以幽默调节，事情就很可能很快得以解决。如果你需要改善同事们的工作态度，就可以利用幽默的妙语来表明你的观点。

陈鹏在一个会计部门任职员。有一次发薪水的时候，他竟然收到了一个空的薪水袋。他没有气得暴跳如雷，也没有破口大骂。

他只是拿着空的薪水袋去问发薪部门的人说："怎么回事？难道说我这个月的工作，竟然不值一分钱吗？"当然，陈鹏得到了补发的薪水。

陈鹏表现了对同事偶犯的错误持一种宽容的态度，而不把它看成一件了不得的事情，批评谩骂同事的愚蠢。他以自己的幽默与同事分享了轻松愉快的果实。这也正是不为所动、泰然处之的幽默所要收取到的效果。

我们如果不能领略到别人的幽默对自己的裨益，也就不太可能以自己的幽默来激励别人。为了表现我们重视别人所带给的好处，应该时时保持乐观的态度，同别人一起欢乐。

一位男士对即将结婚的女同事打趣地说："你真是舍近求远。公司里有我这样的人才，你竟然没发现！"她的女同事开心地笑了。

对上面这位男士的玩笑，女同事没有说他轻浮，反而感激他的友谊和欣赏。笑的热流流淌在两性之间，总是使人觉得弥足珍贵。当同事期望太多、要求太多之时，我们还是可以用幽默表达我们不同的意见。

有一位电影明星向著名导演希区柯克唠叨摄影机的角度问题。她一次又一次地告诉他，务必从她"最好的一边"来拍摄。

"抱歉，做不到，"希区柯克说，"我们没法拍你最好的一边，因为你正把它压在椅子上。"

使用幽默语言的人，大都有温文尔雅的气质、亲切温和的处事态度。这样的幽默才使人感到轻松自然。

如果你已经利用幽默力量来帮助你取得成功，你也就能对挫折一笑置之，坦然开同事的玩笑，并且关心他们，更重要的是以轻松的心情面对自己，而以严肃的态度面对自己的新角色。

幽默使你能脱颖而出

面对日益饱和的人才市场，谋职困难是无可辩驳的事实，这对每个求职的人来说都是一场考验和一种挑战。如何才能使自己在强手如林的人才市场脱颖而出，迈进理想的职业大门？

一个最重要的条件是具备成功的自我推销术，依靠得体的推销口才展示自我个性和特长，打动招聘者，从而顺利找到一份适合自己发展的工作。显然，在应聘面试时表现得幽默一些是一种明智之举。

在应聘面试中，适当的幽默、风趣的语言会表现你的优雅气质和气度，也会给谈话增加轻松愉快的气氛。一个得体的玩笑、轶事或妙语会使一次颇为严肃的应聘面试的气氛变得活跃丰富。

尤其是当你遇到难以回答的问题时，幽默的语言会使你化险为夷，反映出你的机智和聪明，给人以好感。

比如，主考官问你这样的一个问题："广告对商业有什么益处？"

如果你这样回答："做生意没有了广告，就像一个人在黑暗中向一个女孩子传递秋波，除了他自己，谁也不知道他在做什么。"

主考官一定会欣赏你的幽默、风趣和机智，给你的面试打上一个高分。推销自己的时候，要突出自己的特色，抓住自己最能打动别人的优点，而幽默常常能助你一臂之力。

在一次选"香港小姐"的决赛中，为了测试参赛小姐的思维速度和应对技巧，主持人提出了这样一个难题：

"假如你必须在肖邦和希特勒两个人中间，选择一个作为终身伴侣的话，你会选择哪一个呢？"

其中有一位参赛小姐是这样回答的："我会选择希特勒。如果嫁给希特勒的话，我相信我能够感化他，那么第二次世界大战就不会发生了，也不会有那么多的人家破人亡。"

这位小姐的巧妙回答赢得了人们的掌声。因为这个问题难度较大，如果回答"选择肖邦",则答案没有特色,显得平淡;如果回答"选择希特勒",则很难给予合理的解释。那位小姐选择了出人意料的答案,又寻出了合理而又充满正义的回答,从而成功地推销了自己的特色,以幽默、机智给观众和评委留下了深刻印象。

幽默助你获得满意薪酬

在人际交往中,尤其是在别人居高临下的情况下,话题越是庄重严肃,越会使人紧张慎重。但你若能把庄重严肃的内容用轻松幽默的形式表达出来时,对方也许不难接受。

年轻人干工作,没有一个不期望工资高的。倘若你直接向老板提出加薪的要求,是不是有点太"赤裸裸"了?但一个打工仔却提供了良好的范例:

> 这个青年人在一家外资企业中打工,他思维敏捷,两次提出的合理化建议均被采纳,分别使生产成本下降20%和10%,洋老板兴奋有加,对他说:"好好干,我不会亏待你的。"
> 在青年人看来,这句话要么意义重大,要么分文不值。他想要实惠,便莞尔一笑,说:"我想你会把这句话放到我的薪水袋中的。"
> 洋老板会意地笑了,爽快地答道:"会的,一定会的。"不久这位青年如愿以偿,他不但提了薪,还领了一个大红包。

在老板的鼓励面前,如果青年人不是寓庄于谐,俏皮地提出严肃的问题,而是直截了当地提出加薪和奖励,那可就大煞风景了。

有一家公司的工资非常低,低得公司经理都不好意思让人知道,每位新员工到职,经理都会做一件事。

> 又到了发工资的日子,公司经理指示,在每人的工资袋里夹一张说明:"您的工资数是您的个人秘密,请不要泄露给任何人。"

一位初来的职员数了数工资，皱着眉头在签名处写了一句话："我决不会向任何人泄露，因为我和您一样，不好意思将这种收入讲出去。"

由于该公司的工资水平实在太低，这位新员工对工资的曝光，引起了公司管理部门的重视。最后，公司经理不得不调高了全体员工的工资。

第三节　幽默智慧的运用提高

妙趣横生的装傻充痴法

装傻充痴法就是一个正常的人故意装傻充痴，从而达到幽默的喜剧效果。请看下面的例子：

一浴池招聘员工。

老板："若你走错了房间，进入了女浴室并看到一女士在淋浴，而且她也看到了你，你该怎么办？"

甲："什么也不说，赶快退出来。"

乙："对不起，小姐。"

丙："对不起，先生。"

结果丙被录取了。

有时最高的社交智慧在于显得一无所知。不必真是白痴，看来像就可以了。你懂得装蠢，你就并不蠢了。这种技巧最为简单：把你的聪明放在冰山下面，跟没有任何智力一样。

言语交际中，故意说"痴言呆语"，会使你的语言幽默风趣，妙趣横生，创造轻松、活泼、诙谐的交际氛围。故作"痴言呆语"会让人诧异,感到"荒唐至极",瞬间思考后便恍然大悟,觉得巧妙绝伦,谐趣无穷,发出会心的微笑,赞美说话者超人的智慧和高雅的幽默。比如下面这个幽默:

一觉醒来后,妻子对丈夫说:"我刚才做了一个梦,梦见你在情人节时送给我一串珍珠项链,你说这个梦是什么意思呢?"

"今晚你就会知道的。"她丈夫回答说。

这天晚上,她丈夫带回一个小包给她,她满怀喜悦地打开一看:里面是一本书,书名就是《梦的解析》。

这种"装傻"的办法无疑要比直截了当地说:"我没钱""不许买"来得更艺术一些,更能表现出幽默感。

故作"痴言呆语"是高超的社交幽默技法,具有是痴非痴的特点。在具体运用时,必须注意三点:

一是扮演痴呆人角色。只有这样,才能使人产生疑问,继而加以思索,随之理解用意,捧腹大笑。

二是让人明白你的用意。如果别人不理解你"痴言呆语"背后隐藏的真实用意,幽默感就不会产生。

三是打破生活常规。顺着生活中固有的逻辑思考便不可能幽默。

形象生动的比喻幽默法

比喻是用有相似点的事物打比方,用具体、浅显、熟知的事物作比来说明抽象、深奥、生疏的事物的修辞手法。

比喻是幽默艺术中常用的修辞格式之一,有明喻、暗喻和借喻三种。幽默艺术在运用语言移植技巧时常采取明喻和暗喻手法,在运用语言交叉技巧时常采取借喻手法。

明喻由本体、喻体和喻词三部分构成,暗喻由本体和喻体两部分构成,借喻则是以喻体代替本体。

在语言移植技巧手段中,本体、喻体和喻词之间的差距极大,褒贬色彩也截然不同,含蓄而又出人意料的比喻给人以意料之外、情理之中的感觉,产生意味深长、忍俊不禁的幽默效果。

在语言交叉技巧手段中,巧妙的借喻使表面意义上的喻体和其所暗示的、带有一定双关意义的本体构成交叉,令人在领悟了比喻的真正含义后发出会心的微笑,因而具有很强烈的幽默效果。

在口语表达中,运用恰当的比喻可使言谈话语既形象生动又风趣幽默。

1945年,当富兰克林·罗斯福第四次连任美国总统时,《先锋论坛报》的一位记者去采访他,请总统谈谈四次连任的感想。

罗斯福没有立即回答,而是很客气地请记者吃一块三明治。

记者得此殊荣,便高兴地吃了下去。

总统微笑着请他再吃一块,他觉得这是总统的诚意,盛情难却,就又吃了一块。

当他刚想请总统谈谈时,不料总统又请他吃第三块,他有些受宠若惊了,虽然肚子里已不需要了,但还是勉强把它吃了。这时,罗斯福又说:"请再吃一块吧!"

这位记者赶忙说:"实在是吃不下了。"这时罗斯福方微笑着对记者说:"现在,你不会再问我对于这第四次的连任的感想了吧!因为你刚才已感觉到了。"

罗斯福采用的就是比喻的方法制造的幽默。下面的这个故事中的主人公运用的也是以事喻理的比喻幽默法。

摩根先生家来了一位客人,说是要向他请教做生意的学问。可是摩根先生还没有开口,客人自己却滔滔不绝地大讲起来。

摩根先生听了一会，实在没有办法，就往客人面前的茶杯里倒水。水倒满以后仍在继续倒，流得到处都是。

客人终于忍不住了。"您难道没有看见杯子已经满了吗？"他说，"再也倒不进去了！"

"这倒是真的。"摩根先生停下来，"和这只杯子一样，你的脑子里已装满了自己的想法。要是你不给我一只空杯子，我怎么给你讲呢？要知道，是你来向我请教的！"

比喻在逻辑思维中虽有局限性，但在形象思维中则是个战无不胜的法宝。钱钟书先生在日本东京早稻田大学作演讲时，礼节性的开场白就不同凡响：

"到日本来讲学，是很大胆的举动。就算一个中国学者来讲他的本国学问，他虽然不必通身是胆，也得有斗大的胆。理由很明白简单：日本对中国文化各个方面的卓越研究，是世界公认的；通晓日语的中国学者也满心钦佩和虚心采用你们的成果，深深知道要讲一些值得向各位请教的新鲜东西实在不是轻易的事。我是日语的文盲，面对着贵国'汉学'的丰富宝库，就像一个既不懂号码锁，又没有开撬工具的穷光棍，瞧着大保险箱，只好眼睁睁地发愣。但是，盲目无知往往是勇气的源泉……"

钱钟书先生在肯定日本对中国文化各个方面的卓越研究的同时，用鲜明形象的比喻谦虚地表明自己是日语的文盲，并自然地导入正题。这段开场白既形象风趣，又不失礼节，主要得力于他素来对比喻的艺术功用钻研颇精，能灵活自如地运用比喻丰富自己的语言，使其言谈话语中妙譬巧喻，信手拈来，幽默陡增，成为"钱钟书风格"的一个显著特征。

比喻法是根据类似联想，选取乙事物（喻体）的某一种特征来描绘甲事物（本体）。它的主要功能便是造成语言的形象性。当然，一般的比喻与我们幽默范畴里的比喻是有区别的。要使比喻体现出幽默感，就必须使比喻参与创造"以言语条件使崇高鄙俗化"的"语言心理"结构。那么，比喻法如何参与这个语言心理结构的创造呢？

首先，所要描绘的本体事物自身存在着一定的缺陷。比喻法可以用形象的手法强化这些缺陷，使其缺陷更加显眼可笑。

其次，所要描绘的事物本体，原本是属于尊贵的、崇高的或严肃、重要的，而讲述者故意用低贱、卑俗甚至令人恶心的喻体去描绘。本体事物因此而被降格，导致鄙俗、滑稽。

比如，有人问一位采购员说："采购工作好不好？"

他这样回答："出门是兔子，办事是孙子，回来是骆驼。"

"兔子"是指出门为了抢时间，赶车赶船跑得快；"孙子"是指为了买到所需货物，不惜低头哈腰地向人家客客气气；"骆驼"是指回来的时候，不仅要办好货物托运还要给老婆孩子买东西，负载很重。他用形象的比喻说明采购工作是个吃苦受累的活。

比喻法的应用有一个原则，就是对一些人和事物的"降格"处置可能会招来反对或反感，所以故事的善后处理的艺术就显得十分重要和必要。

启发想象的假设幽默法

假设的幽默手段是智者的一种思想火花，是一种丰富的想象力的表现，这是它和其他手段相类似的地方。但是，它又可以取得其他的幽默手段所得不到的反馈：可以极大地发动对方的想象力。这种被启发出来的想象力，更增添了笑料的魅力。

由于假设的手段应用起来比较便当、简捷，因而常常被用于小幽默之中。报上曾登过这样一条消息：

某人为了治疗自己的脱发病,每晚都用妻子的尿液洗头,因为有人告诉他这种尿液里含有丰富的生长激素。

于是记者调侃道:"幸好他的胡子长得还好,用不着这样。"

这样一段假设,把读者的想象尽带到幽默之中了。

正因为假设可以构成幽默,所以儿童的语言,常常构成一种天然而不带雕琢的幽默,因为儿童的思想常常含有假设的成分。

有一则小幽默:

爸爸给女儿讲他小时候家境贫寒、受尽苦难的经历。小女儿两眼含泪,十分同情地对爸爸说:"哦,爸爸,你是因为没有饭吃才到我们家来的,是吧?"

这是孩子纯真的想象,也就是一种假设,孩子的"大概如此",常常使大人感到了幽默。

假设是一种想象,幽默的假设则是一种大胆的想象。由此可以想见,一个富于想象的人,必定会是一个富于幽默的人;一个富于想象的民族,必定会是一个富于幽默的民族。

耐人寻味的谐音幽默法

运用谐音法,对不便明说的丑恶现象和人物,进行讽刺鞭笞。

宋朝时有个人喜欢咬文嚼字,动不动还咏诗作赋。后来,他听说欧阳修擅长作诗,心中很不服气,就想去看个究竟。走到半路上,他看见一棵死树,诗兴大发,吟了两句:

"门前一古树,两股大桠杈。"想再吟下去,却再也想不出词儿来了。

正巧，欧阳修从后面来了，就替他续了两句："春至苔为叶，冬来雪是花。"

这人回头一看，是个老头，就说："老伙计，想不到你也会做诗。那我们一起去拜访一下欧阳修，看他有多大能耐。"

于是，他们便一同上了路。在一条河堤边正好有一群鸭子跳进水里，那人便吟道："一群好鸭婆，一同跳下河。"欧阳修听了，便又续了两句："白毛浮绿水，红掌拨清波。"

后来他们一同渡河，这人在舱里又做起诗来："两人同登舟，去访欧阳修。"

欧阳修便又帮他续上了两句："修已知道你，你还不知修（羞）。"

谐音幽默法在现代交往中也非常有用。

某日，王强带着11岁的儿子捧着一盒包装精美的糖果登门造访一位朋友。临走时，坚持留下那礼物，说："根号2啊，收下吧！"

"根号2？"主人愣住了。

哪知那11岁的鬼灵精接着说："根号2就是1.41421……就是，意思意思而已啦！"

人的心理，社会心理，在许多事情上是自相矛盾的。比如送礼就是。一方面主张"君子之交淡如水"，一方面又说"礼尚往来人之常情"，所以在送礼与收礼时，往往处在进退两难的境地。倘若说："根号2，收下吧。"那就大出新意，在心照不宣的笑声中，一切都"功德圆满"了。

根号2＝1.41421又与"意思意思而已"谐音，这是又转一道弯。幽默往往表现为曲线的。这样，就在笑声中，更耐人寻味了。

借此喻彼的张冠李戴法

一个学校进行考试,老师在监考时对学生说:"今天的考试,我们要求同学们'包产到户',不要走'共同富裕'的道路。"

这位老师的话引起了同学们的会心一笑,知道老师说的是不允许相互提供方便,要自己答自己的卷子。但老师的话妙就妙在没有直言考场纪律,而是用两个农村改革中的专业词语来代替:"包产到户"代替"自己答自己的卷子","共同富裕"代替"相互帮助"。

由于"包产到户"和"共同富裕"的巧妙借喻与考场上紧张严肃的气氛格格不入,形成强烈的反差,所以产生了幽默感。这种不直接表述某种事物,或不直说某事某人的名称,而是用其他相关的词语、名称来取而代之的幽默方法,我们称之为"张冠李戴"。它与修辞中的借代基本上是相同的。

我们在观赏马戏团的演出时,经常会觉得那些穿人类服装的猩猩、猴子之类非常滑稽可笑,因为兽类本来不具有文明的特征,把人类文明的东西强加于动物身上,自然给人以不协调感,所以容易为之发笑。这就是张冠李戴造成的喜剧效应。

说话也是这个道理,故意地用甲来代替乙,并使之在特定的环境中具有不协调性,且意味深长,便是幽默了。

一个记者请某领导人谈谈他保持身体健康的经验。那领导笑着回答:"经验只有一条,那就是保持进出口平衡。"一句话,让在座的人都笑了。

"进出口平衡"本是外贸行业里的一个比较大的术语,却被这位领导借代到饮食养生问题上来,其言外之意是不言而喻的。既说明了新陈代谢对身体的重要意义,又在不协调的借代中造成一种大与小的反差,听之趣味无穷。

这位领导选择的"帽子"无疑是十分恰当的,因其恰当,才使人产生了丰富的联想,在联想中咀嚼出幽默的味道。

选择恰当的"帽子",主要有两个渠道。一是从现成的行业术语、专业术语、政治术语中去选择,像前边提到的"包产到户""共同富裕"和"进出口平衡"等都属此类,相对来讲,这样的选择比较容易。二是在交际过程中选择适当的词语来完成换名,这种选择和应用相对要难一些,但只要替代得好,更有现场效果和机智的幽默感。

> 在一次访美期间,丘吉尔应邀去一家专门做烤鸡的简易餐厅进餐。丘吉尔很有礼貌地对女主人说:"我可以来点儿鸡胸脯的肉吗?"
>
> "丘吉尔先生,"女主人温柔地告诉他,"我们不说'胸脯',习惯称它为'白肉',把烧不白的鸡腿称为'黑肉'。"
>
> 第二天,这位女主人收到了一朵丘吉尔派人送来的漂亮的兰花,兰花上附有一张卡片,上写:"如果你愿把它别在你的'白肉'上,我将感到莫大的荣耀——丘吉尔。"

女主人挑理见怪,非要称"胸脯"为"白肉"不可,弄得丘吉尔当时显得很被动。但丘吉尔很快就从被动中走出来,为了嘲弄女主人的咬文嚼字,他现买现卖地把"白肉"借用过来,以"白肉"来代称女主人的"胸脯",这显然是把鸡和人扯到了一起,给人赋予了鸡名称,诙谐的讽刺中多了几分幽默感。借用现场的交际语来实现张冠李戴的幽默,体现了丘吉尔的聪明机智。

借用交际语必须有一个前提,就是双方都是当事人,都明白那个借体所用来代替的事物是怎么回事。如果你将一个地方的交际语拿到另一个交际场合去张冠李戴,由于对方不明真相,你的幽默力量便不会传递给对方,那么你的幽默也就失败了。

反差明显的夸张幽默法

夸张是根据表达需要,对客观事物的某些方面故意进行夸饰铺张,言过其实地进行扩大或缩小,而引起想象力的修辞手法。

"白发三千丈"是夸张名句而非幽默。夸张要产生幽默,还要同生活中错谬乖讹或滑稽可笑之处相联系,即通过对生活中乖讹可笑之处的极力夸大渲染,来揭示生活中某些不合理或不和谐的现象,进行善意的嘲讽和规劝。

一般常采取大词小用、小词大用、庄词谐用,并根据现有条件进行合理想象和似是而非的逻辑推理,将结果极力夸饰变形,产生诙谐幽默的效果。

有一位胖胖的美国女演员曾自我解嘲:"我不敢穿上白色游泳衣去海边游泳;否则,飞过上空的美国空军一定会大为紧张,以为他们发现了古巴。"

这则谈话是拿自己的肥胖逗乐,发挥想象力进行了夸大渲染,使人听了这种绝妙而直观的夸张,不但能忽略了其身体肥胖臃肿的丑的一面,反而能从其充满调侃自信中感受到乐观生活态度的享受。

下面这则大家比较熟悉的幽默"心不在焉的教授",也是运用了夸张这一手法的:

教授:为了更确切地讲解青蛙的解剖,我给你们看两只解剖好了的青蛙,请大家仔细观察。

学生:教授!这是两块三明治面包和一只鸡蛋。

教授(惊讶地):我可以肯定,我已经吃过午餐了,但是那两只解剖好的青蛙呢?

皮哈开垦了一小块土地,并且种上豌豆,当他把一切完成后,他的邻居忽然来访。"你种什么了？"他问道，眼睛看着皮哈刚刚开掘的一个个深坑。

"豌豆。"皮哈大声答道。

"你忘了做一块墓碑。"

"做墓碑？"皮哈不解为什么要做墓碑。

"哦，"他摇着头说，"你把这些豆子埋到那么深的地下，它们就应当得到一块适当的墓碑。"

在运用夸张幽默法时，可以通过对生活中丑的因素的极力夸大、渲染，来揭示生活中某些不合理与不和谐的现象，对自己、他人及社会现象的嘲讽和规劝，从而产生幽默。

里根在竞选美国总统演讲时，抨击物价上涨说："妇人们，你们都知道，最近，当你们站在超级市场卖芦笋的柜台前，你们就会感到，吃钞票比吃芦笋还便宜一些。你们还记得当初你们曾经认为没有什么东西可以代替美元吗？而今天美元却真的几乎代替不了什么东西了！"

里根通过对美元贬值的夸张，激起了选民们对物价上涨的强烈不满，对当政者的不满，迎合了选民的心理，从而赢得了选票。

夸张法在操作过程中有几点应该注意：

首先，运用夸张时要抓住事物的关键特性，主次分明，轻重得当。

其次，夸张要有事物客观规律的内在依据和联系，也就是说，要合乎情理，给听众的跳跃性思维提供一块现实基础做跳板。

再次，要掌握好夸张的分寸感，不是越邪乎越好。项羽"力拔山兮气盖世"，他要改成"力拔地球气盖世"就不好玩儿了。

最后一点，作为幽默手法的夸张不同于文学修辞，它必须或巧，或怪，或奇，或新，以产生不协调，形成明显的反差，从而引人发笑。

一语两用的双关幽默法

一语双关是在说话时,故意使某些词语在特定环境中具有双重意义的方法。双关是利用词语的同音或同义的关系,发挥其在特定语言环境中的双重意义,言此喻彼,巧妙地传递蕴藏在词语底层潜在信息的修辞手法,即所谓"醉翁之意不在酒",指桑骂槐。

比如,美国第三十八任总统杰拉尔德·福特,说话就喜欢用双关语。

有一次,他回答记者提问时说:"我是一辆福特,不是林肯。"

众所周知,林肯既是美国很伟大的总统,又是一种最高级的名牌小汽车;福特则是当时普通、廉价而大众化的汽车。福特说这句话,一是表示谦虚,一是为了标榜自己是大众喜欢的总统。

双关分为谐音双关和语义双关两种,将其恰当运用于口语表达中,可以增添言谈话语的幽默感。

一位年轻的作者到编辑部送稿,编辑看后问道"小说是你自己写的吗?"

"是的。"年轻人回答:我构思了一个月,整整坐了两天才写出来,"写作太辛苦了!"

编辑突然大发感叹:"啊!伟大的契诃夫,您什么时候又复活了啊!"年轻人红着脸悄悄地退出了编辑部。

这位编辑利用一语双关的方式批评了年轻人,"伟大的契诃夫您什么时候又复活了啊!"隐含着"你抄了契诃夫的作品"之意,既含蓄诙谐又具有强烈的讽刺力量。可以想见,这样的批评效果远比板着脸快语明言教训人要好得多。

有一则寓言说,猴子死了去见阎王,要求下辈子做人。阎王说,你既要做人,就得把全身的毛拔掉。说完就叫小鬼来拔毛。

谁知只拔了一根毛,这猴子就哇哇叫痛。阎王笑着说:"你一毛不拔,怎么做人?"

这则寓言表面上是在讲猴子的事情,却很幽默地表达了"一毛不拔,不配做人"的道理,虽然讽刺性很强,却也委婉、含蓄。

利用字的谐音来制造双关的效果,会显得很有幽默感。

传说李鸿章有一个远房亲戚,胸无点墨却热衷科举,一心想借李鸿章的关系捞个一官半职。他在考场上打开试卷,竟无法下笔。眼看要交卷了,便"灵机一动",在试卷上写下"我乃李鸿章中堂大人的亲妻(戚)",指望能获主考官录取。

主考官批阅这份考卷时,发现他竟将"戚"错写成"妻",不禁拈须微笑,提笔在卷上批道:"所以我不敢娶你。"

"娶"与"取"同音,主考官针对他的错字,来了个双关的"错批",既有很强的讽刺意味,又极富情趣。

曲解原意的婉曲释义法

婉曲释义法就是把本来不相干的事物巧妙地引入到原先叙述的事物中,从而得出新的认识、体验和结论,造成诙谐、可笑的情趣。

曲解是对问题进行歪曲荒诞的解释,即把两种毫不相关的事物凑集捏合在一起,造成因果关系的错位或内在逻辑的矛盾,得出不和谐、不近情理、出乎意料的结果,从而使语言谈话产生幽默感。

美国艺术幽默作家安彼罗斯·迪尔斯即利用婉曲释义这一手法编纂了一本不同凡响的《幽默词典》,对一些原先枯燥乏味的名词,作了新的解释,使人读后,对事物的本质有豁然顿悟之感,而且引人入胜,别有一番情趣和风采。

比如,"政治":指谋求利益而从事的公务;"外交":指为本国而撒谎的活动;"和平":指两次战争中的一段间隔;"坦克":指超级大国用来拜访朋友的交通工具,等等。

有一位学校的班主任,就很注意在教学中使用经婉曲处理的幽默语言,收到了良好的效果。如找早恋学生谈话,用"男女间情感过近了";说"偷东西",是"没经主人允许拿东西";说"骂人",是"语言不文明";说"打架",是"武力解决矛盾";说"考试作弊",是"借助别人记忆材料";说"旷课",是"失去一堂学习良机";说"吸烟",是"慢性自我摧残";说"随地吐痰",是"施放微型生物病菌弹";说"上课随便说话",是"语言失控"等。婉曲释义法的魅力可见一斑。

在一次宴会上,有人问鲁迅:"先生,你的鼻子为什么塌?"
鲁迅笑着回答说:"碰壁碰的。"

这个回答,既有对社会现实的不满,又有对自己生活坎坷经历的嘲讽,并与这样一个具有丑的因素的自然生理特征结合在一起,便产生了幽默感。

再比如,在一次军事考核中,主考军官问士兵:"一个漆黑的夜晚,你在外面执行任务,突然有人紧紧抱住你的双臂,你该说什么?"
"亲爱的,请放开我。"士兵和婉地回答。

乍看似乎有点莫名其妙,随即也就恍然大悟:"亲爱的,请放开我",一般是情人之间亲昵的用语。军官提问是针对如何对付敌手,而士兵却有意理解为恋人抱住双臂时怎么办,于是将"敌手"这一对象曲解为"情人",造成了富有幽默感的语言效果。

相互比较的对比幽默法

对比是产生幽默的基本手法。幽默的对比是指把两种（或两种以上）互不相干（甚至是完全相反）的、彼此之间没有历史的或约定俗成的联系的事物放在一起对照比较，以揭示其差异之处，即不谐调因素。

在幽默中，对比双方的差异越明显，对比的时机和媒介选择越恰当，对比所造成的不谐调程度就越强烈，观赏者对双方差异性的领会就越深刻。此时，对比所造成的幽默意境也就越耐人寻味。比如下面这则幽默：

夫：你出去时可别再带着那条怪模怪样的花狗去。

妻：我觉得那条花狗很可爱。

夫：你一定要带着它，是想以它作为对比，显示出你的美貌吧？

妻：你真糊涂，如果想那样，我还不如带你出去更好些。

幽默的对比可划分为画面、语言、人物和情境等四大类。画面的对比用于绘画艺术，语言、人物、情境的对比用于文学、戏剧、影视等艺术。

这四类对比手法又可归纳为语言手段和情节手段两大部类。其中语言手段，包括文字语言、绘画语言、音乐语言和舞蹈语言等。

大多数幽默作品是将语言手段的对比和情节手段的对比交织使用的。这种交织具体地体现在反复、移植、颠倒和交叉等四种幽默创作主要技巧手段上。

扭转逆境的类比幽默法

生活是和谐统一的，但在内容与形式、愿望与结果、理论与实际等方面会产生强烈的不谐调，于是形成了不和谐的对比，这种强烈的反差必然产生幽默、可笑的情趣。

类比是根据两种事物在某些属性上的相同，而且已知其中一种事物还有其他属性,从而推知另一种事物也可能具有相同的其他属性。在口语表达中恰当运用类比,可以起到扭转逆境、轻巧取胜且不失幽默感的效果。

有位市长向一位黑人领袖提出诘难:"先生既然有志于黑人解放,非洲黑人多,何不去非洲?"

黑人领袖反驳:"阁下既然如此关心灵魂的拯救,那地狱灵魂多,何不下地狱?"

黑人领袖运用类比进行推理,根据两个对象在某些属性相同的基础上提出它们具有相同的属性,既然有志于黑人解放就要到黑人多的非洲去,那么关心灵魂拯救的,自然就要到灵魂多的地狱里了。语言锋利而诙谐,轻而易举地驳倒对方。

以物比人的拟人幽默法

拟人幽默术,是创作童话、动画和寓言的常用手法。我们所说的拟人幽默法,是从童话王国、动画世界里寻找幽默感。

生活中,有些东西是没有情感的,缺乏动机、目的和手段。而拟人则是赋予这些东西强烈的感情色彩和某种动机,把某些无意识的结果变成有意识的自觉行为。幽默往往由此而产生。

苏格拉底是古希腊哲学家。有一次他和一个批评家相遇,批评家是个秃子。秃子一见面除批评苏格拉底外,还对苏格拉底进行谩骂,可是苏格拉底一声不吭。批评家余怒未消地说:"你还有什么话要说吗?"气势咄咄逼人。

苏格拉底只是淡淡地说:"没有,没有,我只是羡慕你。"

批评家奇怪地问:"你羡慕我什么?"

苏格拉底回答:"我羡慕你的头发,它真聪明,早早就离开你的脑袋了。"批评家哑口无言。

苏格拉底把头发拟人化,并以其聪明,自动离开,来表示对此人的厌恶。说明你的头发都厌恶你,别人就不用提了。

有个人去拜访他的朋友,当走近朋友的住宅时,突然窜出一只大狗对他狂吠,他吓得止住了脚步。

朋友闻讯出来看见他,连忙说:"不要怕!俗话不是说'爱叫的狗不会咬人'吗?你不知道这句话吗?"

他马上回答:"我知道这句俗话,你也知道,可是这狗它知道这句俗话吗?"

这个人故意将狗与人相提并论,让狗人格化变成会思考的动物,既绝妙诙谐地发泄了心中的不悦,又不失礼貌地回敬了朋友。

比拟法同比喻法并不一样。比喻法是在以彼物来喻此物,不管是明喻也好,暗喻也好,总是在打比方,总有个甲像乙,或乙像甲的模式。

比拟法不存在谁像谁的问题,它一上来便把表述的人或物对象化了。如果是将人拟为物,那么出场的就是物,如果是将物拟为人,那么讲述的物必须是作为人来活动。

一般修辞意义上的比拟法,并不一定会产生幽默效果。为了降格的需要,这里的比拟法必须在言语中把人拟成鄙俗之物,或将鄙俗之物煞有其事地拟成人或其他高贵的形象,从而凸现出事物滑稽可笑的一面。审美主体在欣赏这个幽默对象的过程中发现乖谬、错误或毛病,从而强化自己的优越感,表现出由衷的喜悦。

第三章
会拒绝

拒绝是一门学问,有些时候,我们心里很不乐意,本想一口拒绝,但有时却碍于情面,违心点头应允,给自己留下长久的不快。其实,拒绝是一种权利,我们应该正确地运用这个权利,潇潇洒洒做人,快快乐乐处世。

第一节　拒绝是一种人生智慧

拒绝他人并没有错

我们生活在这个社会，每天要面对很多人。有时候，我们要请人帮忙，有时候，也有人找我们帮忙。但是更多的时候，我们会面对有些人无休无止的纠缠。他们总是要求我们去办一些自己难以办到或者不愿意办的事。但是，碍于情面，我们又不好意思拒绝别人，因为我们害怕伤害了别人。

下面来看两个案例：

有一个年轻人叫刘晓，今年28岁，在北京一家外资企业里任职。很多人都觉得，刘晓的生活很顺畅，从一个小城市出来，在北京站稳脚跟，还有一个漂亮的女友。所以，刘晓是很多朋友的榜样。

不过，刘晓却并不这么看。

有一次，他和同学吃饭时透露："我其实经常感觉自己特别窝囊。和咱同学或很多朋友有时候有分歧，还没说两句，我就蔫了，不再说话。你别看我文质彬彬，其实我的心里一点也不好过！和女友也是一样，每次都是我让着她。我越是客气，其实就越是痛苦，但是我没法发泄！"

同学很惊讶，问他为何不进行争论，拒绝他们呢？

刘晓懊恼地说："因为我害怕伤害他们，害怕伤害到我们的友谊。你说，即便我据理力争，到头来是我对了，可是又能怎么样呢？背地里，他们会不会觉得我太过咄咄逼人？"

再看另一个案例：

还有一个年轻人名叫边守国。这个人也因为一件事而无比纠结。有一次，他在酒后和一群朋友说："我现在根本不愿意回家，因为我女朋友天天和我逼婚。我觉得，自己还在上升期，等工作真正稳定下来，再好好举办婚礼。可是，哎，她天天缠着我问我是不是可以结婚了，我看着她的样子，根本就不敢说稍等两年。你们根本不知道，我这种痛苦！"

其中一个朋友无奈地说："可是，你也没必要为完全不伤害对方情感，就这么委屈自己啊。还是有办法解决……"

边守国打断了他："根本没有，我根本不知道该怎么办！我现在在外面天天喝酒，就是为了喝个烂醉，回家就可以直接睡了！"

现实中，如刘晓和边守国这样的人，丝毫不在少数。这些人有一个明显特点，那就是：不作出拒绝的决定，并非是因为理性的分析，而是出于害怕伤害别人。

所以，为了保证他人不受伤害，他们就呈现出一种似乎什么都可以接受的姿态。潜意识里，他们会幻想这样的画面：一旦说出了"不"，那么对方定会变得暴怒不已。正因为如此，他们只好选择委曲求全，选择了答应，就将痛苦留给自己承受。

一次两次如此，这本不是什么大事。生活于世，谁没有受过一点委屈？如刘晓和边守国这样，长期压抑自己的情绪，甚至带着胆战心惊的心态去生活，那么会导致怎样的问题？轻则，变得毫无自主能力，无论做什么事情，都要依赖他人；重则，产生严重的心理问题，出现抑郁、躁狂等精神类疾病。结果到头来，伤害的只有自己。

相信没有人愿意走上这样的道路。那么，我们究竟为什么会变得如此？一方面来说，这是从小的习惯造成的。小时候，因为很多事情都是由父母做主,所以我们习惯了听取别人的意见。如果这种情况没有在青春期阶段得到纠正,那么走进成年期后,就会发展成为一种心理障碍,从而呈现出一种懦弱的性格。

是的,你总是担心拒绝会伤害别人,这正是一种懦弱的体现,一种心理不成熟的体现。

而从另一方面来看,则是因为自己根本不懂得如何正确地拒绝。试想,你一开口,就是"不对,你说的都是错的!""不可以!你这么做就是自找苦吃!"这样的回答,怎么可能不伤害对方呢?

所以说,想要改变自己不敢说"不"的情形,一方面,要从习惯入手;另一方面,要从拒绝的方式入手。以下几点,我们一定要牢记在心:

尝试着换一种说法去拒绝

很多时候,我们可以用一种较为缓和的语气进行拒绝,这样对方就能感受到被尊重。例如,当想要否定朋友的某个看法之时,不妨这样说:"的确,你说的是有道理。可是这中间有一个小细节,是咱们都忽略了的……"

这样一来,你不仅回绝了对方,还用"咱们"这样的字眼儿将彼此联系在一起,这就会让对方感受不到你的敌意。这时候,你再去阐述自己的一些观点和道理,对方就会很容易接受。

同样,对于婚姻之事,倘若案例中的边守国可以这么说,也会取得很好的效果:"亲爱的,我很理解你的心理。但是,现在我们都还在初级上升阶段,并没有完全稳定下来,这个时候如果大办婚事,必然开销不小,不是咱们可以承受的。当然,我不会辜负你的,要不然我们先领证,暂时不大办婚礼,然后等好一点了再给你风风光光地补上,亲爱的,你看怎么样?这样,我就永远属于你了!"

这样的语言,既透出了一丝甜蜜,又说明了现实情况,还能够拒绝另一半的逼婚,怎会伤害对方?

明白拒绝并非有错的道理

其实,我们要明白一个道理:有时即便你的拒绝很合理,对方依旧生气,但这并不是你的错。面对这样的情形，我们不要产生内疚之情，因为有的人就是如此蛮不讲理，例如一些带有"公主病"的女孩，或是那些从小被娇生惯养的男孩子。面对这种人，拒绝虽然让他们感到受伤害，但这是他们自己造成的，并不是我们的错。

对于他们，即便拒绝让其不高兴，我们也应该毫不犹豫。相信如果有一天，他们学着开始长大和成熟之时，再回想曾经做过的种种举动，对你的怨言就会烟消云散。

拒绝是一种智慧

在日常生活中，我们都不可避免地会遇到需要拒绝的人或事，面对别人提出的不合理、不合适的要求和自己不愿意去做的事情，我们需要大声说"不"，不要忍受欺负，不要总是对别人言听计从。

虽然，拒绝是必然的，一旦拒绝时，你的方式却是需要考量的。直接地拒绝将意味着对他人意愿或行为的一种否定，无形中会打击对方的自信心，甚至伤害对方的自尊心。

那么，如何保全双方的面子，又巧妙地达到拒绝的目的呢？我们可以通过语言来向对方暗示"拒绝"，拒绝也是一种艺术，这样既能达到巧妙拒绝的目的，又不至于让对方心里产生不快的情绪，这才是最高明的拒绝。

某些时候，我们不得不拒绝。当然，拒绝并不是以伤害他人为目的，而是以和为贵，所以尽量要在保全双方面子的前提之下进行。

> 一位男青年被女播音员优美动听的声音吸引，来信希望见一见播音员本人，对此，播音员回信说："这位听众朋友，首先，我了解你的心情，感谢你的好意。你听过'知人知面不知心'这句格言吧，看来，交朋友最难的是交心。那么，还是让我们做知心的朋友吧！"

通过语言暗示"拒绝"，而且拒绝方式极其婉转，回应了男青年提出的唐突要求。

拒绝的话一向都不好说，说得不好很容易扫了对方面子，或者让自己陷入尴尬境地。所以，我们在拒绝他人时，需要讲究策略，最关键的一点就是用含蓄委婉的语言来传达"拒绝"的心意。

在拒绝的时候，我们需要考虑到对方的面子，而幽默的拒绝恰好可以巧妙地体现这一点。用幽默的方式来拒绝对方，让对方在毫无准备的大笑中"失望"。比如面对同事相约去钓鱼的要求，"妻管严"丈夫回答"其实我是个钓鱼迷，很想去的，可结婚以后，周末就经常被没收了"，同事哈哈大笑，也就不再勉强他了。

意大利音乐家罗西尼生于1792年2月29日，因为每4年才有一个闰年，所以在他过第18个生日的时候，他已经72岁了。在他过生日的前一天，一些朋友告诉他，他们凑集了两三法郎，要为他立一座纪念碑。罗西尼听了以后说："浪费钱财！给我这笔钱，我自己站在那里就好了！"

罗西尼本来就不同意朋友的做法，但他并没有正面拒绝，反而提出一个不合理的想法，含蓄地指出朋友的做法太奢侈了，点明了这种做法的不合理性。

拒绝是需要讲究技巧的，尤其是语言上的诀窍之处，只有掌握了这些技巧，才既不得罪人，又能让别人欣然接受。

拒绝是我们的权利

英国著名作家毛姆的小说《啼笑皆非》中有个故事让人感触颇深，甚至会让我们产生类似于书名的感受。

一个经常被人忽略的小人物，平时没人关心他，更没什么人乐意与他交往，以前的朋友也与他关系疏远。然而，否极泰来，这个小人物突然有一天出名了，大街小巷没有人不知道他，因此，上门道贺的人络绎不绝，认识的人和不认识的人，都自称是他的朋友。

这时候，他过去的一位老朋友也和别人一样前来道喜。到底要不要见一见这位老友呢？他心里很矛盾。这么久没有联系了，见面了，很难找到任何共同的话题，强颜欢笑也不过是浪费彼此的时间。然而，人家也是一番善意，专程来拜访自己，自己躲着不见人，难免显得小气。万般纠结下，他还是选择接受老朋友的拜访。

简短的交谈后，这位朋友向他发出邀请，请他到家中吃饭，本来这次见面就让他很勉强，马上还要再次见面，而且还要在对方家里就餐，实在让他为难。但是对方热情邀请，他很难把拒绝说出口，他还是假装很开心地接受了。

在朋友家吃饭时，为避免饭桌上冷场的尴尬，他刻意制造话题，但是气氛还是无法活跃，这饭吃得实在煎熬。

人们都讲究礼尚往来，两次见面令小人物都很痛苦，但是他得讲究礼节，朋友请他用餐，他也得回请人家，所以在饭后与朋友告别时，他又邀请了朋友来吃饭。

自己现在怎么说也是个名人，做事得有面儿，于是他开始苦思冥想：带朋友去哪里吃饭才妥当呢？既不失自己的身份也让朋友能够开心。去太高档的地方，担心朋友会多想，觉得自己出名了在朋友面前臭显摆，会伤了朋友的面子。去普通饭店吧，又怕朋友觉得自己小气，怠慢了朋友，思来想去，越想越烦……

小说中的故事经过艺术加工，多少有点儿夸张，但是艺术源于生活，生活中类似的事情比比皆是。

很多事情，本来一开始就该直截了当地拒绝，和对方讲清楚，说明白，就不会有以后连串的麻烦事儿。但是我们往往会受"不好意思"心理的影响，最后做出违背自己意愿的决定，答应对方的请求，最后搞得双方都很尴尬、窘迫，自己也疲惫不堪。

带着这种想法去做事，自以为考虑到了所有人的感受，但是对方未必是这么想的，可能你的好意对方根本没感受到，或者你的想法根本与对方的不一致，对方自然也就不会接受你的好意。每个人都有自己的人生观、价值观，因此，每个人对事物的感受也不一样，所以你无法令每个人都对你满意。

这就是生活，这就是现实，不是你的所有付出都会得到相应的回报。所以，你自以为考虑全面，做到尽善尽美，每个人都应该对你很满意，更不会损害某个人的利益，公事私事都处理得当，事实上这是不可能的。所以，我们不要忘记自己所拥有的那个权利——拒绝，要适时运用这个上帝的礼物。

生活中，我们常常会遇到很多难题：做事力不从心；别人送的礼物不合自己的心意；某人的行为违背了我们的做人原则；朋友求助，自己被琐事缠身无法帮忙；等等。当被这些难题所困扰时，要记得运用我们的拒绝权利，拒绝自己不想要的东西，坚守自己的立场，勇敢选择自己想要的东西。

漫漫人生路，我们需要拒绝的时候很多很多，因为我们在同一个时间只能做出一个选择，我们就不得不拒绝其他所有的可能。在我们纷繁复杂的生活中，时刻存在着拒绝，如果我们想要坐着，就只能拒绝与站、躺、跑、跳等一系列其他动作相关的活动；如果我们选择周末在家读书，就得拒绝出去游玩、和朋友聚会等其他活动；如果我们选择在乡村过安静、简单、淳朴的生活，就必然要拒绝大都市的灯火辉煌、繁花似锦、车水马龙；如果我们选定一人厮守终身，就必须要拒绝别人的深情厚意。

拒绝就像努力活着一样，是我们的权利，是我们活着主动追求自己想要的东西的权利，这是生命赋予我们的。

获得诺贝尔文学奖的中国作家莫言，在获奖后非常高兴，开玩笑说自己也要买个大房子住，而且在北京买，用他的奖金。某慈善家听闻后，主动提出送一套房子给莫言，自己的两套别墅让莫言随便选一套，选好随时人住。

莫言的父亲听了这话，直接就给拒绝了，说他们家是种田的，他儿子出身农民家庭，不需要什么别墅；流汗出力种田，收获粮食时，心里那是真的踏实，这个不是劳动换来的，他家莫言不要。

拒绝是上天赋予我们的权利，在生活中我们要学会运用这项权利，因为我们要经常面临拒绝的时候。我们不是圣人更不是超人，做任何事都不可能维护所有人的利益，考虑到所有人的感受，这时就要顺应自己的心声，尊重自己内心的情感，坚持自己的立场，拒绝我们不想要、不需要的人和事，唯有这样，我们的生活才会阳光普照。

拒绝本来就是我们的权利，我们要勇敢地拒绝；假如你仍然不敢拒绝，逃避拒绝，那说明你还是没有真正痛彻心扉。

生活就是如此，我们很多时候无法阻止事情的发生。然而，我们有选择拒绝痛苦的权利。所以，我们要珍惜这项权利，用这项权利坚守自己的信念，在面临选择和诱惑的时候，要敢于拒绝，更要敢于为拒绝所带来的后果承担责任。

拒绝别人的基本原则

拒绝他人对我们很重要，这是每个人的权利，同时也具有相当的艺术性。但你如果滥用你的权利，或过分地发挥你的艺术天分，结果则会弄巧成拙，给他人造成伤害，把事情搞得十分的尴尬。因此我们在行使自己的权利的同时要遵守拒绝的基本原则。

首先，以宽容雅量对待身边的人和事。这意味着，只要你能力所及，你是随时愿意帮助家人、朋友、同事和邻居的，也愿意跟他们在一起承担喜怒哀乐。这也意味着只要不带来重大压力或不便，或答应帮助别人而自己内心不会不安时，你都愿意帮忙。

另外，你也要多做一些"信誉良好"的事情，让别人对你产生为人宽容的印象。当你平日都怀着"喜欢做，自愿做"的精神为别人做事，一旦你真的无法答应别人的要求而必须说"不"时，你就可以更有自信地拒绝而不会有罪恶感。

其二是态度明晰。你不想答应，就要彻底，不要拖拖拉拉，暧昧不清。坚定地说"不"，也许有时会显得有点太不近人情，但是如果你的态度不是很明确的话，很容易给对方希望和期待，到最后时刻却一下子跌入失望的深渊。与其这样还不如把话说个清楚，免得对方产生误会，给彼此带来不必要的裂痕。

其三是"说得多不如说得少"。最有效的方法，就是言简意赅，要言不繁。但是，大多数的人却无法适当地说"不"，结果形成尴尬的场面。不管是我们告诉老板无法加班，或是跟邻居表示无法帮他们遛狗，我们都会觉得有义务要详尽解释为什么会拒绝。可是，那些说词有可能是虚构的。

事实上，多费口舌的解释不但没有必要，而且多说的理由也可能站不住脚。你所提供的理由越详细，对方越可能会有以下三种回应：一是对方会尝试提出"解决问题"的方法，让你帮他做他想要你帮忙的事。二是对方认为你说"不"的理由太牵强而生你的气，三是对方明白指出你在说谎。

但是，若你明确地说出"很抱歉，我不能去"或是"恐怕那一天我很忙"，那么你的表达已经够清楚坚决了。如果对方不死心追问为什么，那就是他的事了。让他去查吧！

这种事情发生时，你不要掉进陷阱，甚至还搬出一些新的借口搪塞他。相反，你要一再演练你的说词，你可以使用不同的字眼，或是变化一下言词的次序，或是说得更含糊一些。

譬如："那天我会很忙"，你可以改口说"那天我有些其他事情"，或改口说"我已经跟人有约了"，或"我已经有约没法取消"，再或是"这几个礼拜，我的行程排得满满的"都可以。

面对粗鲁无礼，一再提出的过分请求或邀约，你要坚守立场。没有人有权利迫使你违背你的个人原则。这并非表示，将说"不"的理由告诉别人是错误的，尤其当我们面对的是与我们关系密切的人时，若太故作神秘就越容易显得不自然。

但是切记，即使需要解释也只需稍作说明就可以，而且要经常练，如此才能保持坚定的立场。

其四是要耐心倾听请求者所提出的要求。即令你在他述说的半途中即已知道非加以拒绝不可，你都必须凝神听完他的话语。这样做，为的是确切地了解请求的内涵，以及表示对请求者的尊重。

这样拒绝接受请求的时候，会显示你对请求者的请求已给予了庄重的考虑,并显示你已充分了解到这种请求对请求者的重要性。

最后,切忌过分地表达歉意。拒绝接受请求时,你在表情上应和颜悦色。最好多谢请求者能想到你,并略表歉意。切忌过分地表达歉意,以免令对方以为你不够诚挚。因为你如果真的感到那样严重的过意不去,那么你将会设法接受他的请求而不会加以拒绝。

使用你的拒绝权利时,不要忘了对照以上几基本原则,以免误事误人。其实只要你真心诚意地对待他人,对待生活,这几条你就已经不知不觉地做到了。

不要轻易给别人承诺

中华民族是一个礼仪之邦,热情、助人为乐是中华民族的优秀文化传统之一。自古以来,中国人就十分重视人与人之间的情谊。一个篱笆三个桩,一个好汉三个帮,就是说的如此道理。

但春秋时期的哲学家老子在看待这个问题时,却一针见血地指出:"轻诺必寡信。"他说,帮助别人是可以的,但是不能轻易许诺,因为轻易许诺的人必定信用不足。老子说这句话的目的,一方面是告诫我们不要上花言巧语之人的当,另一方面是让我们不要轻易许诺,不要做言而无信之人。

随着社会生活内容的日益丰富,人际交往的日益频繁,人与人之间的相帮相助也越来越多。助人为乐当然是人之美德。然而,学会拒绝,也是处理好当代人际关系的重要一环。

一方面,人在社会中,就难免要与别人产生各种各样的社会关系。不同的人在社会中扮演的具体角色不一样,所面临的实际情况也各不相同。每个人都应该始终明确自己的职责,做自己该做的事。

但是,我们又可能要面对各种压力或违背意愿的事情,如果我们懂得拒绝,就能巧妙地将自己从一些不必要的事物中解脱出来,自然会轻松许多。

另一方面,现实生活中,万能的人是不存在的。尽管你心肠很好,当他人有求于你时,你只能而且必须遵循量力而行的原则,自己办不到、办不好的事如果你不拒绝而硬着头皮接受下来，你的初衷和结果将会发生很大反差。

人们求助你而被你接受时，他就将成功的希望寄托在你身上。要是办到了，自然皆大欢喜。要是你不量力而行，勉为其难地接受，不啻是"顶着石臼做戏"，给自己带来种种麻烦和苦恼，甚至会因此耽误了他人的事，而使他人恼怒，给人留下"吹牛""自夸"的不良印象，你自己会因此承担很重的心理压力，这会让你活着很累。

当然，拒绝也要讲究艺术，说"不"是一门学问，我们必须学会有效的方法。拒绝的艺术性在于其技巧的灵活性，要学会友好地拒绝他人，关键是掌握拒绝的技巧，下面列举了一些拒绝的技法，希望大家在领会的基础上考虑其在现实生活中的应用，而不能不顾实际情况盲目照搬。

苏格拉底最喜欢和人辩论，他总是通过问一些对方不能不说"是"的问题，把对方诱导进自己设计的陷阱。我们可以不断重复对方的观点，找到共同点。最后，他会发现自己非常同意你的观点，愉快地接受了你的拒绝。

让你的拒绝听起来很顺耳。对于别人的一些想法和要求，先用肯定的口气表示赞赏，再来表达你的拒绝，这样不会直接伤害对方的感情和积极性，而且使对方容易接受，并为自己留下一条退路。

通常，你可以采用下面一些话来表达你的意见："这真是一个好主意，只可惜由于……我们不能马上采用它。""这个主意太好了，但我担心眼下的条件使我们不得不放弃它，我想以后肯定会有用的。""你是一个体谅朋友的人，我知道，如果你不是十分信任我，并认为我有能力做好这件事，你是不会找我的，但是我实在忙不过来了，下次有什么事情我一定尽力。"等等。

对于那些既没有什么实际意义又浪费时间与精力的活动，采用这种方法在玩笑的气氛中使自己全身而退。比如说，朋友邀你一起去玩电游，你就可以说："说出来不怕你们笑话，我学了几年始终玩得不像样子，你们看了都会觉得可怜，为了不影响你们的玩兴，我还是不去比较好。"

同时，你还可以辅以其他的事例进行说明，或者找一些比较好的借口增强自我贬低的效果。

在现实生活中，出于某种原因或目的，有些人要求我们对一些事情或人物作出评价或发表看法，以探明我们的态度。而事实上，我们又不宜把评价或看法具体化。这时，如果我们不能机智地应付，巧妙地作答，就可能陷入被动局面以至于无所适从。

比如说，有些人喜欢背后谈论他人，说长道短。碰上这种人，我们应该谨慎地对待，尽量少发言、少评论，让自己的发言少带倾向性。这时，采用模糊应答的方法，可以避免卷入一些不必要的麻烦之中，这对于我们走上社会处理人际关系也是很有益处的。

对于某些问题，我们可以巧妙地把对方设置在同样的情景，引诱对方作出判断，从而让对方明白自己的处境或意思，以巧妙地拒绝对方的要求。

总之，随着社会的发展，各种关系日趋复杂，这也就越来越迫切地要求我们学会"拒绝"，这不仅是一种人与人理性交往的方式，也是为自己适应生活的必要技艺。

不懂拒绝的人是可悲的

在日常生活中，的确有很多的人和事是很难拒绝的。譬如说，上司命令你加班，好朋友拜托你帮忙走后门，老熟人向你推销东西……很多时候，你明明很想大声说出"不"，但总是因为各种各样的原因，活生生地把这个字咽回去了。

但是，很难拒绝并不意味着你不需要去拒绝，学会拒绝对所有人来说都很重要。一个不知道该怎样拒绝的人是可怜的，同时也是可悲的。不懂得如何拒绝，就往往会被自己之外的人事所拖累，给自己带来麻烦不算，还有可能落得一个吃力不讨好的结果。

有一年的春节联欢晚会上，曾经演过这样一个小品：一个小员工为了不让人看不起自己，就装作自己特别能干，不管谁求他办事，也不管会遇到多大的困难，他都会全部应允。

有一次，他为了帮别人买两张卧铺票，曾经亲自通宵去排队，结果不但害苦了自己，还闹出很多笑话……

演员们的表演或许有所夸张，但生活中的确不乏与小品中类似的人物。有些热心肠、好面子又不善于拒绝别人的人，因为担心拒绝别人会失去人缘或是朋友情谊，于是经常违心地答应别人的要求，结果不仅浪费了大量时间和精力，自己心里也常常觉得不自在。

小马是一个不会拒绝别人的人。一个周末，小马突然接到一个陌生的电话。打电话来的是小马同村的一个老乡，第一次来北京，因为听人说小马在北京发展得不错，就想跟他见个面，吃顿饭。

小马完全想不起来这样一个人，担心被骗，本来想拒绝，可是话到了嘴边，他又想："如果真是同村的老乡，人家大老远过来，人生地不熟的，就这样拒绝了，说出去也不好听。还是先答应下来吧，一会儿再打电话回家问问。"

于是，小马便和老乡约好了时间、地点，等那边高兴地挂了电话，才赶紧打电话回家打听。

父亲在电话那端告诉他，村里确实有这么一个人，之前一直在外面打工，所以小马并不熟悉。小马当下就松了一口气："幸好没有贸然拒绝！"

本来说好，随便找家餐馆吃饭的，可是到了约定的地方，老乡突然改变主意了："我听村里人说，你一个月能挣一万多块，要不你请我去吃烤鸭吧！我还没吃过呢！他们说，全聚德的烤鸭最有名了，咱们就上那儿吃吧！"

小马一听，心里不乐意了，月薪一万是没错，可是，他刚买了房，每个月都要还房贷，手头的钱其实并不多。全聚德的烤鸭，自己来北京几年了，也没吃过几次。

一看小马犹豫,老乡也有些不高兴了:"算了,算了,还是随便找个地方吃吧!"这下,小马又有些不好意思了,心想,没准以后都不会有来往了,好歹是一个村的。于是他一咬牙,带老乡去了全聚德。

本来以为吃完饭就没什么事了,没想到,老乡竟要求去小马家住几天,说刚来,还没找到房子。小马心里叫苦不迭,却还是没办法拒绝,只好把老乡带回了家。

老乡这一住就是一个星期,小马吃住全包不算,还得带他买衣服,到处去玩。直到把老乡送走后,小马才算是松了一口气。

实际上,在与人交往的时候,能经常帮助别人当然是好事,因为经常主动去帮助别人的人,也更容易受大家的欢迎和喜爱。然而,每个人的时间和力量都是有限的。有的时候,我们更需要集中时间和精力,去做自己应该做和喜欢做的事。

假如不想被其他无意义的身外之事打扰,就一定要学会拒绝别人,这样既能节省大量的时间,还能避免很多不必要的麻烦。

譬如,周一你有一个特别重要的谈判,但你的好朋友却希望你周日深夜开车送他去机场,而朋友就住在闹市,他完全可以打车去机场。这时候,你就应该想办法拒绝。

假如你碍于情面答应朋友,就会不利于你的睡眠,进而直接影响到你第二天的工作效率。假如因为精神不佳,把谈判弄砸了,你还可能会因此丢了自己喜欢的工作,那时候就后悔莫及了。

因此,别总是因为想要得到别人的接受或赞扬,害怕给别人带来不快,又或者担心关系搞砸,就瞻前顾后、犹疑不定,违心地答应对方。在该说"不"的时候,就一定要大胆地说出口,只有这样才能节省有限的时间,做出更多更有意义的事情。

你无法令每个人都满意

很久以前,有一位画家,他一心想要画出一幅让所有人都喜欢的画。他花了整整一年的时间,总算画出了一幅他理想中的作品。他信心百倍地拿着那幅画到市场上去展示,还在画旁边放了一支画笔,并加上一则说明:"朋友,假如你认为这幅画哪里有不好的地方,请你赐教,并在画上做一个记号。"

到了夜里,画家取回了画之后,发现整个画面都涂上了记号。画家心里极度失望,他想:"居然没有一笔一画不被指责……"

这时候,妻子走到他的旁边,给他出了一个主意:"你再画一张一模一样的画放到集市上去,不过这一回,你要求每位观赏者把他最喜欢的妙笔都做上记号,到时候再看看也不迟。"

画家听取了妻子的建议,结果居然和上次一样,整个画面还是涂满了记号,不一样的是,所有曾经被指责的笔画,现在却都换成了被赞美的标记。

这样的结果让画家感叹不已:"不管我们做什么,怎么做,都不可能让所有人都满意。因为,在有些人看来是丑的东西,在另一些人眼里则恰恰是美好的。人活于世,只要能使一部分人满意就足够了!"

的确是这样的,生活在这个世界上,每个人都有自己独立的思想,也都会根据自己的想法和喜好来对待这个世界,我们不可能让所有人都满意。因此,在与人相处时,我们应该有自己的原则和底线,要学会拒绝,而不应该抱着"让所有人都满意"的幻想,轻易改变自己的坚持。有这样一个故事:

> 从前,爷爷带孙子去市场上买了一头小毛驴。回家的路上,孙子对爷爷说:"爷爷,您腿不好,您骑着毛驴,我在后面跟着!"爷爷听了,感动得直夸孙子"孝顺"。
>
> 走了一段路后,爷孙俩遇上了一群妇女。妇女们不客气地指责骑在驴上的爷爷,说他不关心孩子,大人骑驴让孩子走路,不像话。爷爷听了感觉有理,就立即下来了,改让孙子骑驴,自己跟在后头走。

又走了一段时间，爷孙俩遇上一群老年人。看着跟在孙子后面一瘸一拐走路的爷爷，老人们气冲冲地指着小孩的鼻子骂："这小子真不孝顺！年纪轻轻的骑着驴，让老人走路！"孙子听了觉得有道理，就叫爷爷上来一起骑。

两人又走了一段时间，遇上一群养驴的人。养驴的人一脸不屑地指着祖孙二人说："这么小的毛驴，竟然两个人骑着走，就没见过这么狠心的人！这毛驴肯定会被累死的！"祖孙俩听了，想想也是，索性两人都下来牵着驴走。

途中又遇到了一群年轻人，年轻人指着两人风趣地说："你们两个傻瓜，有驴不骑，真是笑话！"祖孙俩人觉得也有道理。

但是，他们却不知道该怎么做了：爷爷骑驴有人责备，孙子骑驴有人指责，两人都骑有人非议，两人都不骑又有人取笑。最后他们只好抬着驴走。结果，经过一座独木桥时，两个人不小心把驴掉进山涧给摔死了。

祖孙二人可能是觉得路人的指责和建议都是出于好意，所以不懂得拒绝，没想到，最终却换来了这样的结果。

有的人在待人处世时，总是喜欢依着别人的意见去做，听到一种意见就改变自己做事的方式方法。别人怎么建议，他就怎么做，希望以此能达到"让所有人都满意"的结果，可常常会事与愿违，最后的结果很可能是大家都有意见，而且谁都不满意。

有一个小和尚非常苦恼沮丧，禅师问他是什么缘故，他回答说："东街的大伯称我为大师，西巷的大婶骂我是秃驴；张家的阿哥赞我清心寡欲，四大皆空。李家的小姐却指责我色胆包天，凡心未了。我想不明白，那我究竟算什么呢？"

禅师笑而不语，伸手指了指身边的一块石头，又拿起面前的一盆花。小和尚歪头想了一会儿，高兴地点头："我明白了！"

实际上，禅师的笑而不语，正是点破了生命的本义。他的意思是这样的：石头就是石头，花朵就是花朵，自己就是自己，根本无须因为别人的说三道四而心生烦恼。别人说的，就让别人去说，那仅仅是别人的看法罢了。

在现实生活和工作中，你也可能经常遇见这样的事情。当你做了一件好事，引起身边同事们的关注时，会听到各种天壤之别的评论。张三说你做得很棒，大公无私；李四说你野心勃勃，挖空心思往上爬；上司称赞你有爱心，值得表扬；下属则说你冷酷无情，毫无创意……

总而言之，千奇百怪的议论应有尽有，有的如同飞絮，有的恰似利剑，迎面扑来。到底该如何应对呢？最好的办法，就是抱着"有则改之，无则加勉"的态度，无须对每一个人都解释，千万别被他人的评论约束了自己，更无须为别人的言语而感到烦闷和困惑。你只要记住这样一点，你就是你，只有你才是自己的主人。

假如你无法学会拒绝，尤其是拒绝别人的某些不合理的看法和建议，你将会浪费大量的时间在自己厌恶的人和事上，也会丧失很多的乐趣。所以，我们一定要常常提醒自己，做自己该做的，不要一味地遵循别人的想法或听取别人的意见。勇敢地拒绝自己应该拒绝的，这样做才是最正确的选择。

不要使自己陷入困境

《闲人马大姐》这部电视剧，相信很多读者都不会陌生。由蔡明扮演的马大姐是个热心人，热衷于处理街坊邻里的家庭琐事，并传为一段佳话。现实中，如马大姐这样的人同样不在少数，喜欢帮助他人解决一些力所能及的事情。

乐于助人，这当然是好事。著名心理学家阿德勒曾经表示："帮助他人，才是人类实现自我价值的最佳途径。"不过，如果为了帮助别人，却使自己陷入另一种困境，这显然不是一件好事。

毕竟，帮助别人需要占用自己的大量时间，而如果我们从不拒绝，那么势必会忙得不可开交。只顾着帮别人的忙，自己的事情却做得很少，这当然会极大地降低自己的工作效率。

当然不可否认的是，总有一些人，会一而再、再而三地央求我们帮忙，甚至有些要求已经违背了原则和底线。面对这样的人，如果我们不懂得守住底线，依旧毫无保留地帮忙，那么久而久之，我们就会被贴上这样的标签："他这个人什么忙都帮！以后有什么事情都找他！"

就算是马大姐热心肠、不上班，恐怕也不可能永远义务劳动，永远不忙自己的事情，更不会帮助一些坏人做坏事。所以，帮助人是好，但是，我们也要保留自己的底线，拒绝得寸进尺。

王方大学时期，是学生会主席，很热心地帮助同学们。到了工作岗位也是如此，很热衷于帮助同事。这个同事太忙，来不及做计划书，他就帮忙把文本格式做好；那个同事中午加班没时间吃饭，他也会帮忙带上一份饭回来。所以，王方在单位里有很好的口碑。

这天，王方的一个同事要连夜加班，于是找到王方说："王方，我手头有个客户的资料，需要录入进数据库，你看，你能帮帮我吗？"

王方听完，皱了皱眉头，说："咱们公司有规定，客户资料一对一跟进，不能随便泄露，包括同事。再说，我晚上也有一件重要的事情要忙，这次真不好意思。"

"你，你怎么这样呢？让你帮个忙，又不是让你干什么？"同事显然有些不高兴。

王方义正词严地说："真的，不是不帮，而是咱们有明确规定。你说其他事儿，我推辞过吗？我不能因为帮忙就破了底线！"

恰巧，有一个很佩服王方的新人肖飞听到了他们的对话，急忙说道："没事，我来！你交给我吧！"

看见有人主动帮自己忙，同事当然很高兴，将资料递给肖飞就去忙了。王方拉住他说："肖飞，帮助人没有关系，但是，有原则的事情，你不能就这么……"

肖飞说："你太小心了！没事，我注意点就好！"

看着肖飞，王方摇了摇头。

没想到，最后的结果还是让王方说中了。因为肖飞的粗心，他那份重要的客户资料录入错了，还不慎在玩微博时进行了共享。结果，客户资料被泄露，老板大发雷霆。最后，以肖飞的受到处罚，让这件事得以解决。

肖飞有些不服气，找到王方诉苦。王方说："小肖，你要记得，虽然帮助别人可以让你在单位里有个好名声，但是底线不能碰！第一，你不能耽误自己的工作；第二，不能破坏单位的规矩。否则，到头来吃亏的只有你！"

小肖与王方相比，显然还太稚嫩。对于帮助别人，王方很能把握住度，首先是不耽误自己的事情，同时还能很好地控制住底线。毕竟在工作中，每个人的职责都是明确的，你没有义务在别人的工作上插手，而且有时候你帮他人做了，还会涉及越权问题，不仅不会得到好处，还有可能会被上司批评。但小肖显然没有意识到这一点，结果犯了大错误。

所以说，助人为乐固然很好，但是我们也要有底线地做。帮助是有限度的，我们不能听到对方有要求，就立刻放下手里的事情去帮忙，哪怕明明知道对方的要求是违反原则的。这就像一个不会游泳的人，听到有人要你下河救人，你根本不拒绝就往水里跳，这不等于自找苦吃吗？

当然，如果我们有帮助人的好习惯，那么就应该保持下去。毕竟，乐于助人无论在哪个时代，都是值得赞扬的。我们需要做的，是找到一个平衡点，找到一个底线，在帮助人的同时，也能够根据原则说"不"。

拒绝别人不要太生硬

在日常生活中,对有些事我们确实应该拒绝,但拒绝他人千万不要太生硬。毕竟,能够向你张嘴的人,不是朋友,就是熟人,太生硬容易伤感情。

通常情况下,一个人被拒绝之后,心里会产生落差,他会觉得言语或行为遭受了否定,甚至会有一种被遗弃的感觉。这时,他急需要一种愉悦的情绪来填补内心的落差。

如果你在拒绝对方之时,再加上几句赞美的话语,那将是非常完美的。在这个世界上,每个人都渴望受到他人的赞同与认定,即便自己的某些要求被否决了,但自己的另外一些方面受到了别人的赞美,那何尝不是遭受拒绝之后的一种补偿呢?

虽然我们知道拒绝有时是合理的行为,但我们还是害怕拒绝别人,也害怕被人拒绝,无论处于哪一方,都将遭受消极情绪的折磨。在这样的情况下,为什么不能将拒绝变换一种方式呢?

就好像本来一个平常无奇的三明治,突然中间加了许多美味的蔬菜,那该是多么大的惊喜!所以,在拒绝对方的时候,我们要善于采用委婉的方式。

早上,王女士还没起床,就被一阵敲门声吵醒了。她很不耐烦地起来,胡乱穿了一件睡衣就去开门,只见门外站着一个十七八岁的女孩子,正犹豫着要不要继续敲门呢。

王女士上下打量了对方一眼,发现这个女孩子穿着很随意的T恤和牛仔裤,手提着一个袋子,袋子上有"某某化妆品"的字样,看这架势,应该是上门推销的。

王女士有些不耐烦:"大清早的,怎么就上门推销东西了?"那女孩态度很谦和:"不好意思,姐姐,打扰了,我是某某公司……"

"姐姐?"王女士看着邋遢的自己,好像还把自己看年轻了,那女孩子谦逊的态度，让王女士不好拒绝，但是她平时最讨厌这种上门推销的业务员。她一边听那女孩子推销产品，一边思考怎么拒绝她。

不一会儿，那女孩子就介绍完了产品，然后试探性问："姐姐，你平时用化妆品吗？"

果然，马上就转到正题了，王女士摇摇头说："我白天晚上这样忙，哪里有时间去护肤呢？不过，说实在的，我可是很羡慕像你这样年纪的女孩子，皮肤好，身材好，那可是我做梦都想回去的年纪，可惜已经回不去了。"

女孩子害羞得红了脸，说道："其实，姐姐看起来也很年轻的。"

王女士笑了笑，说道："像你这样的女孩子就是好，我的女儿也和你这般年纪，正在上大学，青春真是无限好，如果我女儿在家就好了，估计她会对你的化妆品感兴趣，可是怎么办呢？现在我的女儿不在家，像我这样的老太婆，已经用不着了。下次我女儿回来了，一定欢迎你上门推销，好吗？"

没想到这样一说，那女孩子一点也不泄气，反而很有礼貌地说："不好意思，姐姐，打扰你了，再见！"说完，就告辞了。

在案例中，王女士本想拒绝上门推销化妆品的女孩子，但看着对方谦和的态度，又不忍心拒绝，怎样拒绝才不至于让对方难以接受呢？她打量了那个女孩子以后，发现对方跟自己女儿差不多，于是，她先是赞赏了对方值得羡慕的年纪，给对方带来好心情，然后再适时拒绝，这样的方式也就令对方很容易接受了。

人总是这样，当他重新拾回了一个苹果，即便他已经丢失了一个橘子，但他内心还是非常愉悦，他们总是着眼于眼前的东西，对于那些丢失的或者得不到的，他们总是容易满足的。因此，当我们不得不对他人所提出的要求拒绝的时候，若适时说几句好话，定会给对方意想不到的惊喜。

善于拒绝也是一门学问

拒绝是一门艺术，一种学问，更是一种能力。成功地拒绝对方，简洁而充满力量，让对方无懈可击，这一点体现了一个人极强的思维能力和办事能力。在网上，有人总结了不同的人巧妙拒绝他人的话语。

当领导的会这样说："我看，这事还需要稍后再商议一下。"

漂亮美眉会这样说："你和我哥哥长得太像了。"

好友会这样说："不好意思，我此刻出差在外地呢。"

客户会这样说："我前不久买了一个和你们公司一模一样的产品。"

专家会这样说："回家后，再仔细研读一下这本新书。"

总裁会这样说："这个问题，就让副总裁来解答。"

在日常生活中，当我们听到这样的话语时，就该懂得：你被对方拒绝了。然而，你会发现自己并不会因为这种拒绝而非常难过，并且还很高兴地接受了，这就是拒绝的艺术。

一个年轻漂亮、身材完美的女演员很仰慕大作家萧伯纳，她放下女孩子的矜持，勇敢地向萧伯纳求婚："我容貌姣好，身材完美，而您又有天才的头脑，我们真是郎才女貌，天作之合，我们结婚后，生的孩子也将是完美的，他会有您的智慧和我的美貌。"

然而，萧伯纳并不喜欢她，更不愿意和她结婚，但是一个女孩子放下矜持主动求婚，直接拒绝太伤她的自尊，于是萧伯纳委婉地说："如果像你说的那样当然很好，但是情况如果刚好相反呢，比如，我们的孩子刚好长了和我一样的身段，有着你那样的头脑呢，岂不糟糕？"

萧伯纳拒绝女演员的方式就是成功运用拒绝艺术的表现，他在女演员一厢情愿、满怀热情的求婚下，虽然不情愿，但是并没有直接拒绝，而是跟随女演员的思路、在她的话语中找到拒绝的机会，最后他在遗传的各种可能性中，找到一种最糟糕的情况推翻女演员的观点，结果女演员只得妥协，放弃求婚。

萧伯纳就这么简单、轻松、幽默地拒绝了女演员的示爱，体现了他在人际交往中的拒绝能力。

高明的拒绝，在于把"不"的意思巧妙地隐藏在你所说的每一句话语中，在与对方愉快的交谈中，让他慢慢体会到自己请托中的不妥，既不伤害到对方，也给自己留了一条后路。

著名实业家王光英来到香港后，满怀激情，计划在香港大展拳脚。在他下飞机后，遇到很多记者前来接机采访，其中一位记者问道："王先生，据说你这次来香港要新开一家公司，那么能问下您这次带了多少资金过来呢？"

王光英认真地看了一下提问的记者，对方是一位女士，他犹豫了一会儿。接着，笑着对女记者说："男人的钱财正如女人的年龄，都是非常私密的问题，不可以轻易透露，你觉得呢？"

听到这样的答复，这位女记者才明白自己刚才说的话考虑不周，无言以对。

王光英对女记者的答复非常简洁而又幽默，坚定有力地回绝了女记者对隐私的提问，这要比模棱两可、含糊不清的掩饰效果强烈一百倍。

从表面上看，拒绝别人的人好像处在一种主动的地位。然而，很多人为了可以一次性彻底拒绝别人的请求，以免对方百般纠缠，往往会采取一种直截了当的方法。

这样做也许会伤害到对方，失去朋友，甚至把朋友变成敌人，让自己在以后的人际交往中越来越被动。因此，有时候，在拒绝别人时采取以退为进的迂回战术，未尝不是一种聪明的选择。

一天，一位父亲在家中请客，让孩子出去买瓶酒。孩子到附近的小商店很快买了回来，他看了发现是假的，于是把酒藏在怀里去找老板理论。

到了那家小店，他没有直接和店主争论，而是装作顾客前来买酒，老板拿来一瓶。他拿着老板刚拿出的酒仔细查看了半天，边看边喃喃自语："这年头，假货太多了，什么都有假的，连这酒都有假的。"

老板听了赶紧上前辩解："在我这里买东西，你一百个放心，绝无假货。"

他还是一个劲儿地叹息："晚了，上周我已经买了瓶假酒，还是在市中心买的呢，当时店老板指着灯发誓酒绝对是真的，结果我拿回家一喝，发现原来是假酒啊！"

他无奈地笑笑说："这酒都买了好多天了，昨天才发现是假的，人家还会认吗？"

老板叹息道："你发现得太晚了，要是当时就发现，他还敢赖账吗？"

听了老板的话，他心里暗喜，马上问道："就算当时发现，那老板来个死不认账，咋办？"

老板解释说："自有治他的办法，你可以去工商局投诉，拿着那瓶假酒，有凭有据的，他肯定害怕！"

眼看时机成熟，他把躲在旁边的孩子叫到老板面前，同时掏出藏在怀中的假酒，笑着对老板说："那您看，这怎么办？"

老板看看他手中的那瓶酒，接着仔细瞅了瞅刚进来的孩子，一下子全明白了，羞愧地说："这个……对不……真是不好意思，我立马退钱！退钱！"

上面故事中的这位父亲非常聪明，也非常冷静，虽然自己被骗，买到了假酒，但是他不冲动，没有直接找上门理论，而是巧妙设局，步步为营，让店家自投罗网,再无还击之力。

《媳妇的美好宣言》中,有一个情节就充分地体现了女主人公的拒绝艺术,由此突出了她在拒绝能力上的高超之处。

毛雨和余快要结婚,前妻牛芳心有不甘,带着儿子来婚礼上捣乱。牛芳的到来使余家所有人都非常不满,一致吵着拒绝让她参加婚礼。牛芳很淡定,坚持说自己只是来道喜的,是儿子想爸爸了,吵着要见爸爸。

被牛芳这么一搅和,原来喜庆热闹的婚礼变成了一场不折不扣的闹剧。最难过的就是新娘子毛雨,结婚是女人一生的大事,也是最幸福的时刻,现在自己的婚礼却变成了一场闹剧,自己应该是最生气、最委屈的那个人,她最应该拒绝牛芳的到来,最应该大声对她说"不",但是她没有。

她没有直接上前向牛芳问罪,虽然她可以像其他人一样,理直气壮地这么做,但是她没有,而是忍住悲伤,以一种更有力、更委婉的方式维护了自己的尊严,并且表明了自己拒绝的态度。

当时,毛雨缓缓走到台中央,伴随着轻柔的音乐她对在场的来宾和亲朋好友讲了一段话,她首先感谢参加婚礼的所有宾客给自己送来了祝福,并祝福他们心情好生活也美好。

接着,她感谢父母对她的养育之恩,陪伴她成长,现在又送她出嫁,同时感谢婆婆为她举办了一场盛大的婚礼,现在她就要成为余家的媳妇,她已为此做好准备,当好余家的媳妇。

最后,感谢丈夫余快愿意和自己牵手共渡以后人生的风雨,并作出自己的媳妇宣言:我毛雨要与余快一起患难与共,为了我们的美好生活努力拼搏,我相信自己的选择,更相信我们的明天光明灿烂。

在毛雨的话中,我们能感受到的只有满满的幸福,没有婚礼被搅乱后的愤怒与难过,她的宽容和自己对这个婚姻的坚定信念感染了在场的所有人,人们把钦佩的目光聚焦在毛雨的身上。

婚礼现场恢复安静,因为大家都明白了,只有毛雨才是今天的主角儿,而且是唯一的主角儿。虽然毛雨对余快前妻牛芳刚才的行为未给出任何一句拒绝的言语,但是,她的宣言早已明确传递出来自己坚决拒绝牛芳侵犯自己婚姻的信息:

即日起,我就是余快的妻子了,而且是名正言顺,得到在场所有人和法律承认的妻子,为此我做好了充分的准备;我有自己的坚定信念,我有丈夫、爸妈和婆婆的疼爱与支持,他们是我最坚实的依靠,我也深爱着他们,我们一家将会幸福美满地生活下去;对于你今天的行为,我不生气,你在情感上不愿意看到我们结婚的这一幕,可以理解,我选择相信你,相信你和大家一样是来为我们送祝福的,也祝你以后像我一样有个美好的生活。

毛雨对牛芳的这番拒绝,不但让牛芳知难而退,带着儿子默默离开,也让本来因为婚礼成了闹剧而感到难堪的父母、婆婆、丈夫感到钦佩和骄傲。在牛芳的强势攻击下,毛雨没有退缩,也没有粗鲁地当众和她争执,而是"以柔制敌",为自己和家人赢得了尊重。

总而言之,拒绝是一种能力。要想学会拒绝,一定要杜绝以下三种现象。

一是草率。在现实生活中,很多人因为过于草率,轻易地拒绝别人,并因此得罪了朋友或者是失去了认识新朋友的机会。正常情况下,除非是迫不得已,谁都不喜欢开口求人。因此,大多数人的请求都不是无理取闹的。即使我们真的无能为力,最起码要送上我们的关怀,让陷入困境的对方在无助、失落的时候可以感受到哪怕丝毫的温暖。

二是动怒。在别人有求于你的时候,能帮就尽力去帮,即使不能帮,也千万别动怒。别人只是请求,并不是在强求你做任何事情。即使你不愿意,或者无能为力,最起码不要伤害对方的尊严和感情,让别人觉得你是一个毫无怜爱之心的人。在愤怒的心情下拒绝他人,既伤人又害己,我们要坚决抛弃这种方式，抱着一颗平常心去对待别人。

三是傲慢。傲慢之人往往以一种居高临下的姿态轻视身边的人，他的高高在上让人觉得很难亲近，当然这种人所拥有的朋友也很少。没有人喜欢被人轻视，用一种不平等的方式交往，傲慢的态度使得你拒人于千里之外。

因此，当有人请你帮忙的时候，你不应该以傲慢的态度和口气去拒绝他人，这样做是极不尊敬他人的表现。别人求你帮忙，并不意味着和你处在不平等的地位，你没有资格傲慢，别人也没有理由去忍受你的傲慢。

拒绝别人要掌握好策略

有一个城市要举办一场大型的歌唱比赛，那个城市的一个民营企业家找到大赛主持人说："我赞助5万元，你能安排我当个评委吗？"

主持人知道这个人在社会上的声誉不太好，而且他根本不懂艺术，所以，他就拍了拍对方的肩膀说："老兄，你钱多得没地方花了吗？这5万元扔到这个比赛上，还不如扔进河里，说不定还能看到个水花呢。"

当对方提出要求后，可以像这样机智地以诙谐幽默、插科打诨的话语避开重点问题的回答，这样做可以巧妙地拒绝对方提出的要求。

拒绝，是与各种不良现象做斗争的武器，要想达到目的，就一定要讲究方式、方法，讲究语言艺术。有时候，一句巧妙的言辞真的可以超过许多平淡乏味的说教。

一位年轻画家就近找到一处住房，在搬家之前对他的好友说："我想把房间的墙壁很好地粉刷一下，然后在墙上画一些画。"深知这位年轻画家水平的好友劝他说："你最好是先在墙壁上画画，然后再粉刷墙壁。"

这位好友运用含蓄的方法巧妙地表达了自己的意见，年轻的画家自然也会深思该如何把自己的画画好了。

当然，在日常生活中，我们都应该真诚地对待朋友和同学，积极地帮助他们。每个人都应该明白一个简单的道理"平时帮人，拒人才不难"。对于那些可能引起误解的事情，也应该明确自己的态度，否则会"当断不断，反受其乱"。

历史上有这样一个故事,有人问艾森豪威尔将军一个有关军事机密的问题,艾森豪威尔将军做耳语状说:"这是一个机密问题,你能替我保密吗?"那个人连忙说:"我一定能!"艾森豪威尔将军则回答道:"那我同样也能!"

无独有偶。

小林从一个朋友那里借了一架DV,他一边走一边摆弄着,这时刚好小赵迎面走来了,他也知道小赵有个毛病一见熟人有什么"新鲜东西"非要"借"去玩几天不可,这回他看见小林手中的DV免不了又要"借"去,尽管小林百般说明情况,小赵依然不肯放过,小林灵机一动,故作姿态地说:"好吧,借给你也可以,不过你不能借给别人,做得到吗?"

小赵一听连忙说:"当然,当然,我一定做得到。"

"绝不失信?"小林还追加一句。

"绝不失信!失信还能叫做人?"

小林斩钉截铁地说:"我也不能失信,因为我也答应过别人,这个DV绝不外借。"听到这儿,小赵目瞪口呆,这件事只得作罢。

有很多问题,我们也可以巧妙地把对方设置在同样的场景之中,从而让对方明白自己的处境或意思,以达到巧妙拒绝对方的目的。

当人的思维朝着一定的方向行进,特别是当人处于亢奋状态时,命令式的语言、强迫式的手段,其制止效果可想而知。碰到以上这些突发事件时,只有巧借其势,用巧妙的语言形式自然地加以引导,才能达到扭转局势的目的。

顺势牵连、借风行舟的拒绝艺术能有效地使人从困境中摆脱出来,但必须注意"牵"得要自然,"连"得要巧妙,不能牵强附会,否则会弄巧成拙。

一个教师刚走上讲台,同学们忽然大笑起来,令他感到莫名其妙。坐在前排的一位同学小声对他说:"老师,你的扣子扣错了。"

教师一看,果真,第四颗扣子扣在了第五个扣眼里。当时场面有些尴尬,突然间,这位教师煞有介事地对学生们说:"老师在想心事,急急忙忙赶着来上课才会不小心扣错。不过,这也没什么好笑的,昨天我们有的同学做作业运用数学公式就是这样张冠李戴的。"

这位教师先是用话为自己解围,紧接着顺势把这件事和学生的学习情况连了起来,借此作比,指出了学生学习中的类似错误,既显得自然,又表达得具体。这种顺势牵连,借风行舟的方式运用得恰到好处。

曾经有一次,一位教师走进教室,正准备上课的时候,却发现学生正在喋喋不休地讨论昨天晚上的女排比赛。面对这样的情况,他没有让学生们马上停止议论,而是兴致勃勃地加入了讨论,并且还谈了自己的感想。几分钟后,当学生们都静下心来听他讲时,他却巧妙地将话锋转入正题。

"中国女排的胜利为中国人赢得了荣誉,我们一定要有中国女排这种奋斗的精神,在科学和经济建设方面都要努力,迎头赶上那些发达国家。所以,从现在开始,我们就一定好好抓紧每一次的学习机会,认真去学好每一堂课。"

他及时地"借"学生的这种强烈爱国热情的"东风",巧妙地加以点拨指引,顺势把学生们的热情"牵连"到了学习这条"船"上,不但很快恢复了课堂的秩序,还以此激励了学生们更加努力地学习,从而起到了很好的教育效果。

试想一下,假如这位教师运用命令式的语言来表达,尽管也会达到停止议论、保持课堂安静的目的,然而却无法很好地让学生们的思维从女排比赛中转移开来。

每个人都有为拒绝设定的心理界限，到底是拒绝还是接受，我们所有人心里都有一个评判的标准。假如我们面临的问题远远超越了我们拒绝的底线，我们的确无法承受，毫无疑问，拒绝就是你最好的选择。如果想要果断地拒绝，我们一定要为拒绝假定一个标准，划出一个界限。

有这么一件事，引发了网络和社会的广泛关注和讨论。

> 某电视台在举办一场策划会，大家都极其忙碌，台里碰巧有一位实习生，他的事情不是很多，主任只好请他去帮大家买盒饭，每人一份，今天这饭主任请大家了。
>
> 意想不到的事情发生了，这个实习生表情瞬间变得非常严肃，他看着主任的脸，严肃地对他说："非常抱歉，我不会帮您去买盒饭的，我学的是导演专业，来电视台就是想学习这方面的知识，我不是来跑腿打杂的。"主任听他这样说，感到很惊讶。

对于这位实习生的行为，大家的看法都不一样。

一部分人觉得，他很有自己的主见，知道自己到底想要什么，到底该做什么，活得真实、坦诚，不喜欢做的事情就坚定地拒绝，绝不假装喜欢做，而为难了自己。

有一些人发表了理解性的表白："领导们就是这样，根本不考虑我们的感受，不管大事小事，我们分内的还是他的私事，都一股脑儿地吩咐我们去做，我们不是下人，请尊重我们的情感。"

还有一部分人，对这位实习生的行为表示不满，觉得他们直接拒绝领导前辈的小要求，是不尊敬、极其自私的表现，这样的孩子与身边的人交流能力差，很难融入群体，融入社会。

关于这个盒饭事件，可谓是众说纷纭。不过，事物总是有它的多面性，我们不能片面地看待问题，应该从各个角度全面地来分析这个事件，不能一味地肯定，也不能全盘否定。其实，每个人都有他拒绝别人的一个界限，所以对待不同的事，每个人给出的态度也会有所差别。

拿这个买盒饭的事情来讲：有的人也许会觉得，我是新来的实习生，还是晚辈，自己事情也不多，为前辈们买饭跑腿是应该的，所以甘愿去做买饭这些小事情，这样做是为了让大家喜欢自己，认可自己，因为如果自己从小事情做起，做得很好，以后大家就会放心把其他更大更重要的事情交给自己去做。

有的人想法更简单，大家都很忙，我去买个饭没什么，这也只是偶尔一次，我也不会天天干这种事情。当然，有人不同意了，觉得自己不应该做这件事情，"我来这里有我的目的，不是我分内的事情没理由让我去做"等等，观点很多，一言难尽。其实，说来说去，就是一个界限问题。

界限是什么呢？简单来说，它就是你的"心理界限"，有了这个"心理界限"，你可以清楚地知道：哪些领域是你的，你在这里才是你，一旦越界，就不再是真正的你了，也不再是你想成为的你了。

我们在做出拒绝的选择时，这个"心理界限"就已经被划出了。在"心理界限"的标示下，我们清楚地了解了自己的需求、喜好、价值观、人生观等等。

约翰·汤森德博士写过一本书，他在书中专门讨论了人的"心理界限"。"心理界限"健全的人对于生活和他人都会有明朗的态度，做事的立场非常坚定，观点明白清楚，他们有自己的追求和信仰。

相反，生活中没有"界限"的人，正是因为他心理没个判断的标准，因此，做什么事情都举棋不定，态度暧昧，不管对待爱情也好，工作也好，因为自己根本没有参考的标准，因此无法做判断、下定论。

这种人在和他人交往的过程中总是处于被动的境地，在面对别人强势的态度的时候，很容易向对方妥协、退让，因为他们的意志不够坚定，缺乏自己的立场，想法变来变去，举棋不定。

当你不知道哪些事情该拒绝的时候，不知道怎样巧妙拒绝他人时，当你拒绝了别人后内心感到茫然无措的时候，有没有考虑过还有一件更加重要的事情，那就是在自己的内心假设一个拒绝的界限，通过它让自己在社交网络中找到合适的位置。

我们总会遇到各种各样拒绝别人的场景：男孩向自己喜欢的女孩表白自己的心意，女孩却冷淡地说："谢谢你的好意，遗憾的是我已经心有所属了。"

有人对他人说："请你以后尊重我一下，别总是在公共场合，当着那么多陌生人的面教训我，这样让我真的很没面子。"

交警认真负责地对司机说："酒驾特别危险，为了你的安全，为了大家的安全，请别酒后驾驶。"

员工常常迟到早退，老板这样说："不好意思，你经常违反公司规定，我们只能请你离开了。"

当他们说出这些话的时候，都是在说清楚自己的拒绝界限，清楚明确地告诉对方：你已经触及我的底线了，我不得不拒绝你。通过拒绝的界限，他们体现了自己的人生观、是非观，并保护了自己的利益或法律规定不受侵害。这就是我们为何要设定拒绝界限的原因。

> 春秋时期，齐国闹饥荒，有个叫黔敖的人，自认为有颗善心，在路边给饥饿的百姓分派食物。在分食物的过程中，他很不礼貌地对一个百姓说："喂，你过来，来吃东西。"
>
> 他的样子就像是在召唤阿猫阿狗来吃食，那个百姓听到这样的言语非常气愤，立刻拒绝了他，并义正词严地对他说："我之所以现在挨饿，就是因为绝对不会接受侮辱性的施舍，你如今像唤畜生一样叫我吃东西，我是不会接受的。"

这就是"不食嗟来之食"的由来。战国时的孟子说过，大丈夫就该如此：荣华富贵摆在面前不能使他产生邪念，贫穷低贱不能动摇他的信念，权势武力不能使他屈服。这就是他"富贵不能淫，贫贱不能移，威武不能屈"的大丈夫气魄和精神，或是我们这里提到的心理界限。

东晋时的陶渊明，在彭泽当县长的时候，前去接待来视察工作的督邮，督邮令他盛装接待，不能有违礼法。陶渊明一向刚正不阿，最讨厌谄媚趋炎，这种讨好上级的事情他实在做不出来，只好感慨声："我陶潜，堂堂男子汉。怎能为了那点俸禄就去讨好那些小人们呢？"然后毅然决然地拒绝了这种要求，辞官归隐山林。

一个又一个的古人，都能如此爽快地拒绝不合理的要求，就是因为他们心里有自己明确的拒绝界限。

当然，在各种各样的人际交往中，心中仅有一个拒绝界限是不行的。在这个界限之下，我们还要亲自出马，多体验、多行动。这就是说，在我们设定了明确的界限后，还要想想，怎样巧妙地表达我们想要拒绝的意思，以免使自己受到损伤。

有这样一个故事，听着荒诞离奇，但是却发人深省，并且是真实的。故事的经过是这样的：

一个女人带着孩子出门，在她所在的车厢认识了一个老婆婆，这个老婆婆要去旅游，身边还带着自己的小孙子。老婆婆非常热情，主动和这个女人交谈，家长里短的，女人也就不拘束了。

老婆婆问题很多，一会儿问孩子各方面的情况，生日、名字、年龄、喜欢吃什么零食，等等；一会儿又问女人丈夫和家里的情况，什么职业，收入怎样，家住哪里？虽然被一个陌生人刨根问底儿，女人开始觉得很不好，但是因为不好意思，也不懂得适时拒绝，她还是一一回答了老婆婆的问题。很快，悲剧发生了。

火车到站时，老婆婆在众目睽睽之下抱起女人的孩子就走，女人极力阻拦，引来很多人围观。但是老婆婆对女人孩子的情况知道得一清二楚，并说给围观的人听，以至于所有人都相信孩子就是老婆婆的，而认为那个女人是个骗子，女人欲哭无泪。

故事中的这个女人，之所以没有拒绝回答老婆婆的所有问题，不仅仅是因为碍于情面，更重要的是她根本没有清晰的拒绝界限，以至于不能够坚定自己的立场，适时拒绝老婆婆的盘问，保护自己和孩子的隐私。

我们一定要在内心设定一个清晰的拒绝界限，这样我们就能知道什么事该拒绝，什么时候该拒绝，以免变得像那个女人一样。

要有拒绝底线，先得分清是非，做到公私分明。如今，社会大力倡导关爱他人、乐于奉献、构建和谐社会的精神理念，这些精神是对我们个人和整个国家发展有积极影响的。

我们是社会人，每个人都是在一定的家庭中生活，在一定的组织、一定的圈子里工作和学习的，我们必然要与这样那样的人交往，这就是公。在集体中，我们要严格遵守集体的制度规定，接受社交圈中的各种规则，而且要善于交际……

但是，接受集体的同时不要忘了维护自己的利益，满足自己的"私"求，让自己活得开心。因为我们自己活得好，就会为我们在公共生活中提供源源不断的激情和活力。

关于怎么对待自己，即对"私"，我们要学习一下美国励志导师奥里森·马登的一段话："如果一个人有自己的主见，他在任何人面前、任何场合都能够慷慨陈词，表明自己的想法，捍卫自己的利益。相信自己，坚定立场，坚持主张，你不但会让自己活得舒心而且也不会丢掉你的工作。如果你做事毫无主见，你在生活中就会瞻前顾后，畏首畏尾，胆小怕事，活得不自在，很憋屈。如果没有主见，你往往也会过低地估计自己的能力，害怕失败，不敢果断行事，因循守旧，在工作中很难有创新和突破。所以，缺乏主见的人在生活中常吃亏，在事业上难成功。"

坚持立场，有自己的主见，勇敢拒绝，这就是我们所学习的拒绝中的对"私"的阐述。

违反原则的事情，违法乱纪的事情，还有超出能力范围内的事情，这些对于我们来说，都会干扰到自己的私事，我们就该直截了当地拒绝，然而，这些只是从很大的几个方面来讲的,我们在日常生活中还有很多很多私事,比如我们有自己的兴趣、自己的喜好、自己的人生观、自己的朋友圈、自己的小情感、自己的小秘密……

假如触犯了这些方面的底线,我们一定要坚决地拒绝。奥里森·马登在他的话语中清楚地告诉了我们该怎样设定拒绝的界限。

简单地说,就是当你在集体中的时候,譬如,当你在某个组织,在你的社交圈子里的时候,你要和很多人产生关系,这个时候你必须要有主见,一定要坚定自己的立场。因为你坚守的是自己想要的东西,它体现了你的心声,你的愿望,因此值得你勇敢去追求。

"公事""私事"对我们都特别重要,生活在这样种错综复杂的社会关系中,我们必须构建和谐的人际关系,这样有利于我们更好地发展。所以,我们要在"公"与"私"之间找到一个平衡点。

有了二者的平衡,我们在做拒绝或者接受的选择的时候,才会更加轻松和自由,因为我们满足了自己的情感需求,还体现了对身边人的关心,两全其美,这才是我们最终要达到的目的,即公私利益全部都要维护。

生活中有特别多这样的例子,譬如,有人拒绝说:"我本来是该陪你一起去那里的,但是我也没去过那里,万一迷路了,还要连累了你,还是打车去比较靠谱,我可以给你找个熟悉那里的师傅带你去。"

有人来应聘,面试主管告诉他:"你画里包含的主题太深奥,非常惭愧,我看不懂,还劳烦你再画点简单的画再给我看看吧。"

售货员满怀热情地推销自己的商品,顾客客气地对他说:"也不知道我的爱人是否喜欢这个款式。"

一个女孩很高兴地对男生说:"朋友,为我欢呼吧,为我祝福吧,我终于结束单身了。"

这些不同身份的人在不一样的情境下说的话,都委婉地说出了拒绝的意思。然而,拒绝得让人舒服,让被拒绝的一方特别容易接受,这样公私平衡,对大家都有好处。

第二节　职场生存的拒绝宝典

职场拒绝超负荷工作

职场如战场，某外资公司业务副总裁刘先生说："在面对同等的竞争和同样的机遇时，任何人都希望自己能够有一个出色的表现。为了能够在行业里站稳脚跟，超负荷工作是不可避免的事情。"

医学研究证明，超负荷工作会使人生理上出现血压升高、肠胃不适、失眠多梦等症状，同时会在心理上产生厌倦情绪，使工作效率逐渐降低。而"过劳死""亚健康"更是引起无数职场人士的关注和恐慌。那么，我们在面对不合理的加班要求时，应该如何拒绝，才能够达到避免超负荷工作的目的呢？

王丽是某日企的资深员工。在外人看来，王丽有着不错的工资收入，公司福利也相当优越，然而家家有本难念的经，在光鲜亮丽的外表之下，她也有着自己的不快之处。

"外企的工资不是好挣的。"王丽常常这样心有感触地说。原来，自从王丽5年前在这家公司做实习生开始，加班就成了家常便饭。刚开始，她还经常自我安慰，认为自己多做一点事情，就能有更大的业绩，从而会多一些得到上级赏识的机会。

于是，她也就把加班当成了一个优秀员工理所当然要付出的代价。顺理成章地，王丽因为表现优秀而成功度过试用期，成为极少数留下来的正式员工中的一员。

可是，当王丽认为自己成了正式员工，终于可以享受朝九晚五的合理待遇时，加班的问题又接踵而至，按时下班对王丽来说几乎成为奢望。直到后来她结了婚，有了孩子，把加班作为"潜规则"的公司也一直没有给她足够的休息时间。因为工作的原因，王丽少有时间陪孩子，这让她苦恼不已。

　　终于，王丽决定要严肃面对加班问题。这一天，临下班还有半个小时，项目经理又来宣布加班通知。王丽忙解释说自己要回家带孩子，暂时不能加班。没想到，这么一个解释，或者说请求，却遭到经理的一口回绝。为了保住工作，王丽不得已，只好硬着头皮继续加班。

　　接下来的工作中，她又尝试过多种方法来逃避加班。虽然偶有成功，但大多数情况下都被经理严词拒绝。以至于到后来，王丽上班的时候全部心思都放在怎么样和经理打游击战上面，完全失去了对工作的耐心，这让她的工作业绩直线下滑。

　　终于有一天，王丽再次要求正常下班未果时，拿出了她当初和公司签订的合同，甚至搬出了《劳动法》。虽然，那次之后王丽再也没有加过班，但是经理却经常因此事而刻意冷落她。最后，在经理不断的暗示之下，王丽递上了辞职报告书。

　　现如今，城市生活的节奏越来越快，给人造成的压力也越来越大。在一座座高级写字楼里面工作的白领们，却要为这些负面效应埋单。当有一天朝九晚五变成了朝五晚九之时，空发牢骚根本不能解决实际问题。

　　事实上，拒绝加班，不是和老板公然对抗，而是用更为智慧的方式来争取自身利益。否则，只能落得案例中王丽的被动局面。那么，你就要学会采用"金蝉脱壳"的方式，巧妙地拒绝加班，赢回本属于你自己的休息权利。

　　不论你是企业的资深经理人，还是公司的普通员工，如果你在签订劳动合同时，注意到加班和休息的权利，那么恭喜你，你已经为自己的休息权利找到了法律上的凭证。有了法律做自己的靠山，那么金蝉脱壳永远都不会等同于自寻死路。

　　想要拒绝加班，全权支配自己工作之外的作息时间，就需要学会下面这四种方法：

一是"编造理由"法。当已经忙了一天，即便主管按规定付给你加班费，你也不愿意加班时，可以适当地编造出一个理由来委婉地拒绝加班。在平时，利用和老板聊天的机会多"编"一些亲戚，在老板向你提出加班要求时，可以依靠这些"亲戚"帮你渡过难关。

如你的大表哥今天从外地赶来看你，或者小表妹正好有急事需要帮忙。即便工作再忙，主管也不会无动于衷，毕竟人心都是肉长的嘛。善用这些平日"编造"的人物，往往可以起到出其不意的效果。

二是提前准备法。若是身在小公司打工，每天都处在"受剥削"的状态，而你恰恰又不想加班，只想正点回家享受自己的小幸福，"提前准备法"无疑最有效果。利用每天下午下班之前的一两个小时，向老板询问有没有临时的工作安排。

你可以这样说："老板，我今天想要正点下班，请问您这里有需要临时处理的文件吗？"如此，不但让老板觉得自己得到了应有的尊重，而且在维护你正点下班这一权利的同时，还留下了可以协议的余地。在询问的同时，一定要坚持住自己的立场，千万不能使用探询的语气，如"老板，我今天可以不加班吗？"这样往往会招致反面的回应，从而让自己在老板的心目中留下一个好吃懒做的印象。

或者可以假装身上有不适的症状，也能助你暂时逃之夭夭。但是要记住，不能让自己总是生"同一种病"，如果那样的话，恐怕就会令老板起疑心。

三是用工作推工作法。这一招，最能表现你的勤奋和积极。告诉老板，你手头正在处理的这件事情非常紧急，或者还有更为重要的事情等着你去办。问清楚老板交给你的临时任务需要什么时候上交，然后问老板自己可否带回家去做。

如此，就可以避免你在办公室加班了。而且，老板一般也不会铁石心肠到非要你带回家去做的程度，他很有可能会把这项任务交给其他人去做。

四是严词拒绝法。当以上三招都不灵验时，那就只有拼死一搏，做"鱼死网破"状了。对于总是要你加班的老板，可以采用严词拒绝的原则，用劳动合同和国家法律来当武器，为自己拒绝加班找到理论上的依据。此时，你需要传达给老板一个明确的信息，那就是你不是随时随地都会无条件地答应加班。

当然，这一原则所带来的危险性就是，你很有可能"炒了老板鱿鱼"。所以，若非身处国企或者是严格按照章程办事的大公司，那这一招还是少用为妙。否则，你还得辛辛苦苦地寻找下一个饭碗。

当然，有些人加班并非是因其工作积极性高，而是因为平时工作效率低，在规定的工作时间里无法完成工作任务，所以只好留下来加班。面对这种情况，想要拒绝加班就先要从自我反省开始做起。

最后强调一点，对工作要尽心尽力，必要的加班还是要接受的。面对老板的时候，要做到不卑不亢，才能保证自己的合法权益不受侵犯，才能游刃有余地和老板和谐相处。

拒绝工作之外的安排

老板和下属之间，简单说来就是雇佣和被雇佣的关系。加班固然让人心烦，但那毕竟是为了工作。可当老板在下班时，向你提出工作之外的要求时，你该怎么办？或者是老板经常让你去做一些和工作完全不相干的事情，在耽误了工作进度之后还会对你埋怨半天，那你又应该如何去处理呢？

刘石一见到他的朋友们，总会自嘲说自己是"忍者神龟"。要追究这个特别的绰号，还得从他的工作说起。

刘石以优异的成绩毕业于北京某著名大学。然而，当他由"海投"变成"面霸"再到"拒无霸"之后，他才真正意识到想要找到一份称心如意的工作究竟有多难，才真正明白工作背后的无奈。

经过重重的面试关，刘石终于脱颖而出在一家私人企业得到了一个工作岗位。自小干活就任劳任怨的他很快得到了老板的赏识。老板是20世纪50年代生人，所以对电脑和网络等新鲜科技既着迷又陌生。

恰恰刚刚进公司的刘石是一个大学毕业生，因为是在试用期，工作任务也不是特别重，所以老板经常让刘石帮忙打印一些文件。

刘石认为自己帮忙是理所应当的事情，因此总是很快地就答应下来。可是，随着时间的推进，刘石逐渐发现自己已经成了老板身边离不开的一个免费电脑操作员。每天在临下班还有5分钟时，老板就会抱过来一大堆个人文件要刘石帮忙打印。有时候，已经是晚上10点钟了，老板也会一个电话把刚刚要入睡的刘石从家中叫到公司、让其帮忙处理各种网络问题。

刘石能忍则忍，他担心因为一时的气愤而丢掉工作，否则，将要面对的依然会是茫茫的求职大军。

然而，这一切其实只是开始。发展到后来，刘石的义务工就更加身兼多职了。礼拜天的时候，老板会一个电话指挥刘石帮助去送东西，或者当刘石和女朋友约会的时候，老板还在不停地发信息让他处理公司事务。

所有这些事情，都不在工作范围之内，刘石又不能明目张胆地向老板索要加班费。有时候，在电话里面刘石好几次都想要发火，可是残酷的现实让他只能一忍再忍。所以，他在朋友的眼中，成了"忍者神电"。

再后来，或许是看刘石人老实，更多的老员工开始指挥起他来。开会时，总有几个老员工自己在一边看报纸、喝茶水，反而让刘石帮他们做会议记录。这件事最终成了一个触发点，忍无可忍的刘石选择了辞职。他离开了这家公司，并且发誓，自己从此以后再也不做"杨白劳"。

"领导的要求就是我们的追求，领导的鼓励就是我们的动力，领导的想法就是我们的做法，领导的嗜好就是我们的爱好。"21世纪，一则诙谐、幽默而又不失自嘲的打油诗在职场人士中流传开来。作为职场"潜规则"之一，迎合老板的爱好,已成为众多人的共识。不管能不能从中得益,但至少,你跟老板有了共同的话题。然而,过分迎合老板的嗜好,可能会为自己带来不尽的烦恼。

所以,学会拒绝你的老板,不要永做"杨白劳",才能为自己争得正当的权益。

在职场中,员工迎合老板的嗜好是一个普遍现象,大家都能理解。然而,员工们一方面认为迎合老板的嗜好、为老板做一些工作之外的事情,就能够讨得老板的欢心,也就多了一个升职加薪的机会,而另一方面,老板更应该反思自己,别只是为了一时高兴,而忽略了员工正常的休息权利。

当然,碰到一个好老板,这些事情很少发生。可如果碰到一个如同刘石老板一样的人,应该怎么办呢?

要明确自己的态度。不管你最终选择了答应或者不答应老板的请求,都一定要先明确自己的态度和立场。员工不是全年无休的机器,他们也有自己的私人生活。因此,在遇到老板提出一些额外要求时,你完全不必勉强自己,应该适时地拒绝老板的要求。

如果你只是一味地迎合,作为老板,他可能会认为你是非常乐意做这些事情的,以至于没有时间限制。而你的过分迎合,有时不光会给自己带来烦恼,也会引起领导的反感。比如你成天陪着他吹嘘拍马,工作却干得一塌糊涂,相信没有领导会喜欢这样的下属。

不能只听领导安排。有很多时候,不是领导不关心下属的私人生活,只是当他们提出一些要求时,身为下级,不知道应该怎样去拒绝,所以总会茫然地答应下来,由此造成一次次恶性循环。在明确自己的态度和立场后,你要勇敢地向老板说明自己的实际情况。如自己为什么不能接受、什么时候有额外时间等内容,这样一来不但可以婉言谢绝老板的"邀请",还能够因为自己的坦诚而赢得老板的信任。

投之以桃,报之以李。要明白,老板之所以把这些繁杂的事情交给你去办,一多半的原因是基于对你的信任。因此,在婉言拒绝老板的要求后,你是不是也应该有所表示?

当你自己不能够亲自去完成老板交给的"任务"时,那就给他找一个真正的帮手。这会让老板觉得你依旧是在热心帮他的忙,只是因为时间抽不开身才不能亲自上阵。帮老板找一个可以求助的对象,远远胜过你自以为是的解释。

又或者,你可以选择好言相劝,让老板最终放弃这个对自己和对别人都没有好处的选择。老板不但不会记恨你,相反还会把你当做真正的朋友去看待。

很多事情的取舍,往往都只在一两句话之间。其实,职场中没有所谓的分内和分外之分。做好自己的分内事,在工作之外,尽自己的最大能力帮助身边的朋友们,你收获的将不仅仅只是工作能力上的提升。

拒绝侵占你的工作时间

学会拒绝是非常重要的职场沟通能力之一。只有自己最清楚自己的工作情况,你必须对自己负责,管理好自己的时间与工作,不应让别人胡乱占用你的工作时间,从而让自己陷入忙乱的局面之中。

在决定该不该答应对方的要求时,应该先问问自己:"我想要做什么?不想做什么?什么对我才是最好的?"你必须考虑到,如果答应了对方的要求是否会影响既有的工作进度,而且因为你自己在工作上的拖延而影响到其他人?

娟娟是一个性格温柔的女孩,在公司里很得同事们的喜爱和照顾。她虽然人长得并不很漂亮,但大家在经过她办公桌旁边的时候,都喜欢有意无意地和她聊上两句。因此,无论走到什么地方,她的身边总有几个好朋友在一起说笑不停。

起初,娟娟也感觉不错,可后来随着这种情况的延续,娟娟越来越发现其对工作的危害性。最初,和同事们聊天,仅仅限于吃饭和上洗手间的时间,或者是不经意地在走廊碰面之后打声招呼。

有时候,大家还会相约在下班后一起去逛街。后来,随着彼此交往的深入,大家的聊天时间就变得很不固定。即使是在上班时间,大家一有闲暇就会讨论起下班之后去什么地方逛街。有时候老板会突然出现，娟娟就只得措手不及地装作什么事情都没有发生。

然后转到MSN聊天工具上，几个好姐妹已经在和她热火朝天地发着即时信息。这样的讨论，每一天都会有新鲜的话题。有时候，娟娟明明知道自己的工作很忙，但是好姐妹们总是生拉硬拽地把她扯进聊天话题之中。

每到月底总结时，娟娟总会发现自己的工作没有按要求达到任务量，即便达到任务量的工作，质量也不敢有保证。而且她还发现，很多时候自己一旦陷进了聊天之中，就经常会出现不由自主的现象。一上午的时间往往很快就会过去，娟娟一边感叹着又荒废了一上午的时间，一边继续和好姐妹们说个不停。

直到有一天，经理下了一纸生死令。如果娟娟这个月再完不成任务量，下个月就辞职走人！其实，娟娟完全明白自己现在的处境。每当看到桌子上厚厚的办公文件时，娟娟就知道自己必须好好工作了。可是，即便她给那些好姐妹们一些很明显的暗示，她们依旧会"毫不留情"地把她加入到讨论范围之内。

娟娟又不好意思直接拒绝对方的"盛情"，因此只得在心里面盘算着繁重的工作该怎样处理，在口头上还得耐着性子和对方聊着天。因此，她常常陷进十分无奈的状态中，也徘徊在随时走人的边缘上。

能够和别人成为聊得来的好朋友，本来是一件好事情，娟娟也是十分看重和同事之间的情谊，因此才会在别人"主动送上门"的时候，不知道应该怎样去拒绝。最后，娟娟的选择却直接导致她自己陷进焦虑情绪之中。

学着拒绝是你能够帮助自己脱离这一困境的唯一方法！因为这一"拒绝"不仅可以降低你的焦虑，释放你的压力，并且还保证了你有足够的时间来做那些真正重要的事情。

和同事谈天说地不是不可以，只是需要选择对的时机和地点。如果错把工作的时间滥用在一些无聊的嘴侃上面，那你不但浪费了公司为你提供的薪水，更浪费了自己宝贵的生命。想要拒绝他人占用你的工作时间其实很简单，你只需要做到：

直接以工作为由拒绝对方。办公室本来就是工作的地方，所以当你用工作来当挡箭牌时，绝对是百试百灵的良药。你只需要说："不好意思，我现在不能马上做这个。"这不是你向对方示弱的时候，所以一定要用坚决的语气面对方，同时又不能失去无奈和同情的味道，这样一来可以为自己增加很多人情分。

如果不得不解释原因，你可以说这跟你的时间计划不符合，然后便转移话题。大部分通情达理的人都会接受这个答案，如果有人继续"进攻"，那样做就是他们失礼了，你完全可以重复那句"我很抱歉，这确实不符合我的时间安排。"

假装审查时间表，以表明自己真的没有空闲。如果对方执意要求你加入他们的谈话，为了不伤害彼此之间的感情，你可以选择一种迂回曲折的方法，以达到自己的目的。面对对方的积极态势，不要直截了当地拒绝，这很容易酿成彼此之间的误解。

此时，你可以这样说："让我考虑一下，然后跟你联络。"适时给自己一个台阶，然后假装去查看时间表，以表明自己真的是在确认到底有没有时间。

适当参与，适可而止。如果你遇到了对工作本身感兴趣的话题，那么不妨适当参与一小部分。你可以说："我不能做这个，但我……"告诉对方你所能容忍的限度，或者提出一个可以解决该矛盾的上上策，卷进去多少的决定权完全掌握在自己手中了。

要注意，自己是因为好人缘才会被同事们拉去。这虽然占用了你的工作时间，但他们也并不是故意要你完不成任务从而在领导面前难堪，所以在拒绝的时候也一定要考虑到同事面子上的问题。真正做到完美拒绝，一定要注意：

1. 坚定自己的观点，但是应该让礼貌先行；

2. 给对方希望，不要一棒子打死。但同时又不能给对方太大的希望，否则希望越大，失望也就越大；

3. 请记住，你不欠任何人的人情债。"这不符合我的时间安排"是最好的拒绝理由。

一天之中，工作的时间只有那么几个小时。这意味着无论你选择承担什么，都要限制你办其他事情的能力。所以，清楚选择什么是你该做的事情，才是最重要的。

拒绝你难以完成的任务

每个人的身体状况不同，所以能够承受的工作强度也不尽相同。当上司给你指派任务时，一定要首先弄清楚自己究竟能够完成多大的工作量。不要盲目地接收随时分派下来的指令，否则你只会在一阵手忙脚乱之后，才发现其实你把这份工作做得一团糟。

"没问题，这件事包在我身上了。"王鹏一拍胸脯，骄傲地说。主管拍了拍王鹏的肩膀，说："小伙子，好样的。我就知道，这样的任务只有你敢接。好好干，将来一定有大展宏图的机会。"说完之后，主管很满意地离开了。

王鹏一个人在办公室里，苦笑了一下。只有他自己知道，刚才那番豪言壮语的背后，隐藏着多么大的无奈和苦楚。

王鹏是一个爱面子的人。刚进公司时，他觉得自己处处不如人，因此在领导分派任务时，他总是抢着最棘手的问题去解决。他知道，要想在大城市里生存，就必须做出一些别人做不到的事情，只有这样自己才能有一展才能的机会。

渐渐地，王鹏凭借自己的努力在公司站稳了脚跟。原因很简单，他解决掉不少烫手山芋，因此得到主管的青睐。从此以后，一旦有别人解决不了的问题，主管第一个想到的就是王鹏，可谁又能想到他为了完成这些任务而在背后所做的艰苦努力呢？

那时候，王鹏还是一个毛头小子，凭着一股子冲劲，他在别人都下班回家后独自一个人在办公室里加班加点。为了从客户手里收回约定的钱款，王鹏不知道说了多少好话，一双嘴皮子都快要磨破了。只有付出才有回报，因此他能够日益承担重任并受到领导赏识。

然而，结婚生子之后，王鹏渐渐感觉到体力不支。而且，自己还要留出足够的时间陪家人，又怎能把这些难以完成的任务当成家常便饭去处理呢？他常常苦笑地说："大家都以为我是超人，可谁知道其实我这个超人并不会飞呢？"

因此，当主管一次次把任务书交到王鹏手里时，他只能在口头上硬着面子答应下来，之后再一脸无奈地去加班加点完成。为此，妻子和他吵过好几次架。可王鹏又不能直接拒绝主管的要求，在他看来，只要自己不再接手那么难以完成的任务，就证明自己能力不足，那么自己辛苦奋斗取得的成绩将只能成为过去。

男人，就应该对自己狠一点。所以，他依旧一次次把任务书放到自己的办公桌上。

然而，这样拼命的日子，王鹏还能坚持多长时间呢？他望着越来越黑的夜色，无助地叹息了一声。

有一句话说，"死要面子活受罪"。一点没错，为了所谓的"面子"而不去考虑自己的实际工作能力，盲目地接受他人的工作要求，最后只会把自己弄得精疲力尽。

如此一来，还不如从一开始就拒绝对方的要求，大胆承认自己的能力有限。谁也不是超人，所以谁都有完不成的任务，相信不论是上司还是同事都能够谅解这一点。只是像王鹏一样的人们往往自己不愿意承认，结果却是聪明反被聪明误，为了一时的面子，最后必定会丧失家人的支持和领导对其真正的信赖。

其实，无论拒绝还是接受这些不可能完成的任务，大家的一致目标就是，让这些难题能够得到顺利解决。选择了接受，是因为我们知道在自己的能力范围之内，可以很好地完成这项任务；选择拒绝，是因为我们不想看到失败，所以才会选择急流勇退，从而让能力更好的人接手任务。

想要拒绝上司指派给你难以完成的任务，必须把握住以下三点：

第一，提出充分拒绝理由，让对方相信你不是不想做，而是真的无能为力。首先设身处地表明自己对这项工作的重视，这是不至于引起领导反感的先发制人之策，然后再表明自己的遗憾，具体地说明自己为什么不能接受。只要把道理说通顺了，相信没有办不成的事情。

第二，一味拒绝并不可取。有时候，最危险的地方就是最安全的地方。尽管你拒绝的理由冠冕堂皇，但上司也许仍坚持认为非你不行，此时你若是再一味坚持拒绝，就显得有些不知好歹。

这时，更多的推脱之词反而会让上司认为你是在敷衍了事，从而怀疑你的工作态度和能力，以致对你失去信任。在以后的工作中，有意无意地会使你与更多的机会失之交臂。所以，这么做，完全是得不偿失之举。

第三，提出合理的解决方法，以表示你真的对这件事上了心。对上司所交代的事，你不能接受但又无法拒绝时，最好的办法就是寻找出一条十全之策，从而让问题能够不经你手而得到解决。

你可以与上司共商对策，或者说："既然这样，那过两天，等我手头的工作告一段落，就开始做。您看怎么样？"你也可以向上司推荐一位与自己的能力和资历相当的人，同时表示自己一定会在对方处理问题的过程中尽量予以帮助和支持。

如此，你不仅可以很好地拒绝上司的要求，而且可以进一步地赢得上司的理解和信任。因为，你真的是在为公司利益考虑。

拒绝员工的不合理要求

在工作中，一些领导者平时有可能同意的要求，在某些场合下却不得不拒绝。所有的人都想顺人意、讨人爱，但是领导者在工作中难免会拒绝员工的一些要求。因为有的要求可能合情合理，而另一些却可能是非分的要求。

作为企业领导者的你，如果遇到下面几种情况，你就必须坚决而又简单直接地说"不"。

1. 面对员工的请假要求

员工请假一般分两种情况，一种情况是他没有按照休假计划的规定办事，另一种情况是这段时间已经安排给其他员工休假了。

要是前一种情况就应让下属知道他没有遵守制度。你可以这样说："很抱歉，我们打算在那周盘点存货，一个人手也不能缺。你知道，正因为这样我们才规定员工都要提前一个月安排休假计划。"

有时，员工的请假要求与别人预先计划好的休假时间有冲突。遇到这种情况，你要让他明白，批假的原则是"先申请，先安排"，所以不能批准他的请求。不过，可以准许他与已安排休假的那个员工协商调换假期。

2. 面对员工的调岗要求

如果是一个可有可无的员工请求调动，那就可以赶快批准。但要是最得力的员工要求调动，而且是在大忙时节，或在一时找不到合适人选顶替的情况下，千万不要断然拒绝，因为那样会使一个好员工自此消沉下去。

领导者可以跟他坐下来谈谈为什么要请调。你会发现促使他调动的原因可他与工作无关，可能是他与某位同事的关系紧张，也可能是一些只有通过调整工作才能解决的问题。

通过你们的交谈会很快发现问题所在。如果沟通毫无结果，没有什么能使他改变调动的想法，你只有简单加以拒绝。但要尽可能减少给这名员工造成的消极影响，尽量地给他一些希望。比如你可以说："现在不能调动，过一两个月再看看有没有机会吧！"

这样做不仅为领导者赢来了考虑其他可能性的时间，而且在这段时间里，员工的想法也可能会发生变化。无论如何，对于员工的调动要求表现出关心，有助于减轻直接拒绝员工所造成的伤害。

3. 面对员工的升职要求

遇到那些特别尽职尽责的员工请求升职时，要开口拒绝实在是一件很为难的事情。特别是有时员工的职位早应该变了，但因其他因素使你无法对他们予以奖励，在这种情况下，要说"不行"更是难上加难。

这时，简单的处理方法是如实相告，向员工说清楚不能够提职的原因。处理这类问题时，切忌作出超出职权范围的承诺。有些领导者会承诺要视将来的情况而定，这样空洞的语言，员工仍有可能把它视为正式的承诺。

4. 领导者面对其他部门的借人请求

面对其他部门的借人请求，为了团结，只要能腾出人手，这类请求一般都应该予以满足。但要考虑下述问题：

在你忙得一团糟时，他能否助你一臂之力？被借调过去的员工本人会有什么想法？其他员工会不会拒绝顶替由于把员工借出去所产生的空当？你的上司会不会认为，既然你能腾出人手，你的部门是不是编制太多了？答应了这一次，有多大可能还会有下次？

如果出现了以上问题，你恐怕只有说"不"了，只是怎样拒绝对方依然至关重要，因为你不会希望别人认为你不合作，何况你将来也会有求于别人帮忙的时候。所以即使拒绝，也定要让他知道你很想帮忙，只是由于客观情况所限，才爱莫能助的。

一个肯拒绝、能拒绝、会拒绝的领导才是一个完善的领导者。"肯拒绝"就是不做老好人，"能拒绝"就是拒绝得干净彻底，"会拒绝"就是让自己的拒绝不伤人。

领导者的才能大都体现在这里，也只有这样的领导者才能立威，才能服众，才不致因为自己的拒绝而让员工没面子或意志消沉，从而损失能量、降低工作效率。这也是领导者管理能力的集中体现。

拒绝额外的加薪要求

任何一家公司的员工只要听见加薪的消息，都会很振奋。可是，作为老板的你一定不会这么想吧？是的，员工在公司里经过一定磨炼之后，加薪是一定会被提上日程的。

可是，真正令人头疼的问题是，那些本身资历还不够的新人们在看到别人被加薪时，心里总是有着太多的念头想要诉说。当他们向你提出加薪请求时，你会怎么做?

这是一起让人深思的真实事件。

经营豆腐店的李某和妻子在某市中学附近,遭3名陌生歹徒持刀抢劫。他们夫妻二人本是经营小本生意,并没有因为开店的原因而结下什么仇人。那么,到底是谁组织的这次抢劫呢?经警方侦查,行凶的歹徒原来是豆腐店的厨师曹某。

事情的经过是这样的。李某和妻子从老家来到城市打工,本身没有什么技术的二人决定在学校旁边开一家小豆腐店,做个小本生意,好攒下一些钱来供自己的孩子上学。

然而,因为李家豆腐店的生意从开店以来一直很不错,所以为了扩大经营,李某就聘请了曹某作为本店的新厨师。人手增加了,生意自然也就更好做一些。再加上曹某本身的手艺相当不错,因此这家不大的豆腐店时常是客人满座。

就在不久之前,曹某向李某提出了加薪要求。他认为自己的薪酬太低,而现在店里面生意兴隆的一大部分原因都应该归结到自己的手艺上。因此,在曹某看来,加薪应该是顺理成章的事情。

可是曹某来店才不到两个月,短短的试用期还没有过,提出加薪的要求自然就显得有些过分。本来已经想到要给曹某加薪的李某,在看到自己的厨子已经迫不及待地提出加薪时,就有些生气。李某严词拒绝了曹某的加薪要求,谁知却由此惹来了一连串的祸端。

谁也没有想到,曹某仅仅是因为加薪的要求被拒绝,就因此怀恨在心。"不能多挣钱,我也不能让你多挣钱。"这样的想法在曹某的心中开始滋生。后来,他纠结了自己在城里的几个小兄弟,事先踩点开始预谋实施抢劫。

某天晚上,当李某和妻子骑着电动车准备回家,在经过中学时,几个持刀的歹徒一拥而上将两个人围住,并且抢走了他们包里面的3

万多块钱现金。在整个抢劫过程中，李某的妻子还因为和歹徒抢夺而被刀砍伤。

后来，李某在第一时间报了警。根据警方的侦察，发现这并不是一起随机的抢劫案件，更像是有预谋、有计划的活动。在逐个排除豆腐店员工的时候，警方发现了曹某的可疑性。后又经过一个多月的排查，终于把协同作案的吴某和林某一并抓获。

这虽然不是发生在职场中的事情，但教育意义却可以通用。当你的员工站在你面前提出加薪请求的时候，你会直截了当地拒绝吗？你有没有想过，在冰冷拒绝了你的员工之后，随之而来可能会出现一连串恶果？

或许，你正为公司的利润滑坡而头疼不已，所以当下属在这个时候提出加薪请求时，你定会在第一时间极其气愤。可是，静心想想，既不能盲目地答应，也不能一口回绝，只有委婉地拒绝才是万全之策。

作为公司的一名领导者，当一名恪尽职守的下属提出加薪请求时，你肯定会欣然应允，因为你虽然给他加了薪酬，但是他所能带给你的效益远远地超过了你给他加上的薪酬。而若是下属向你提出额外的加薪要求时，你会怎么办呢？很明显，他的要求和他现在的状况并不相符，如何拒绝才能避免打击其工作的积极性呢？

首先，表明态度，给对方吃颗定心丸。如果对方不够加薪标准，必须果断拒绝，不同意就是不同意，这是自己的基本立场。逃避或者拖延对方的要求，都不是明智选择。

如果你能够根据当前的形势做出准确判断，并且对未来公司的走向了然于胸的话，那就不妨直接拒绝对方。因为，你现在的拒绝只是在特殊情况下的特殊选择。等公司的业绩发展起来后，给员工加薪的事情自然会被重新提上日程的。

此时，你可以说："公司正在不景气的时候。你的成绩我看在眼里记在心中，只是我现在真的没有能力答应你的要求。如果你能信任我的话，我们不妨一起努力,等过了这个低谷,我自然会给你加薪。"

正常员工都能接受这样的答复,这不但肯定了他的请求,更给了他前进的希望。因为公司的壮大和他的努力密不可分,所以可以在短时间内化解你的危机的同时,还促进了公司的进步和发展。其次,拒绝的时候,一定要充满人情味。

"加薪?公司今年业绩不好,你也不是不知道。况且公司刚刚失去一个大客户,我还不知道怎么弥补损失呢,你还提加薪?现在工作都不好找,就算降薪都没什么可说的!"这样的话,不论何时都不能直接说出来。

试想,员工好不容易鼓起勇气向你提出了加薪的请求,你这一番批评反倒磨灭了他继续在公司供职的信心,最后损失的肯定会是公司大局利益。其实,拒绝不等于不近人情。即使要拒绝对方的要求,也应该巧妙而委婉地说。你可以根据对方的表现和公司的实际情况相结合,最后再去否定对方的要求。

再次,给员工个合理的理由。不论何时,你拒绝了给员工加薪,都要给对方一个合理的理由。让对方明白,你不是独断专行,也不是一时兴起,你的拒绝有着逻辑严密的理由。只有这样,才能让员工真正做到心服口服。并且,事出有因,所以你的员工也一定会理解你的难处。

当然,你若是能够细心听听员工加薪的理由,这对日后公司该如何发展和管理也必定是百利而无一害。

如果你实在不愿意拒绝自己的优秀下属,而同时又没有能力提升薪酬的话,不妨尝试着把加薪换成其他方式的奖励。这在一定程度上也可以缓解彼此之间的矛盾紧张程度,并且还能让员工意识到,工作除了获得金钱外,还会获得更多有价值的东西。这无论是对员工,还是对公司都有益处。

拒绝不录用的面试人员

求职面试是很让人紧张的经历之一,因为在选择与被选择的过程中,什么结果都有可能发生。对公司负责面试的人来说,拒绝应邀而来的面试者也是一件尴尬的事情。

当某人在经历过面试和笔试后,仅被告知"你的条件与我们的需要不符",这必将是一次痛苦的经历。同样,对他人说出拒绝的人本身也是很痛苦的。

张增光在一家网络公司的人事部门供职,随着业务的扩展,公司需要招聘一个新的网络工程师。在人力资源部门和技术部门协商后,张增光就开始筹备招聘活动了。随着招聘信息的发布,很快,他的邮箱就塞满了各种各样的求职简历。经过一阵子筛选,他从简历之中挑出一些人员,并通知面试。

当第一轮面试的工作结束后,张增光对没有通过面试的人委婉地表达了公司拒绝他们的意向。其实,张增光也是从一个应届大学毕业生走过来的,所以非常理解求职者的心态。

对于求职者来说,无论面试成功与否,都希望招聘的公司能给个回话。而对于招聘公司来说,要拒绝求职者更要注意一些技巧。如果直接对他们说"你不符合我们的要求"的话,很容易让求职者失去信心,甚至抹黑自己的公司。

因此,他在拒绝的时候,会说:"虽然你不适合这个工作,但并不是说你能力不行"。这些都是张增光在多年的职场生涯中总结出来的经验之谈。然而,这一次,他碰到了一个相当棘手的问题。

随着层层面试的进行,有位求职者非常吸引人,他不但专业技能超越其他应试者,而且所要求的薪金也在自己设定的范围内。在与这位求职者交谈之后,张增光也明显感受到了他希望面试成功的想法。再次与技术部门协商之后,张增光决定录用这个人。

然而,计划永远赶不上变化。一场经济危机的到来,让张增光猝不及防。在短时间内,公司的业务缩水近一半,他也接到了领导的通知,不再招聘员工。

也就是说,他得去通知当初的那位求职者不用来上班了。本来他已经和对方约定好了上班的时间和薪酬，就差签订劳动合同这最后一步了。该如何去拒绝这位求职者呢？

张增光一下子慌了手脚，没了主意。以前拒绝求职者，都是在面试初期，而等到这样的紧要关头才拒绝的话，肯定会对求职者造成很大的心理伤害。再加上张增光的公司位置偏远，那位求职者跑了很多次。如果他知道是这样的一个结果，一定会觉得被愚弄了。

为了避免当面谈话时的尴尬，张增光决定用电子邮件通知这位求职者他没有被录用的消息。那封电子邮件是这样写的：

×××先生：

感谢您对×××公司的关注和支持！您于××年××月×日参加了我们公司××职位的面试，在过程中，您的专业知识和精神风貌给我们留下了深刻的印象，但是非常遗憾，由于现有职位的临时调整，我们很遗憾最终未能获得与您共事的机会。

您的个人资料已被公司保存到人才库中，如日后有合适机会将再次与您联系。希望您会有更好的发展，祝生活愉快幸福！

这是张增光能够想到的最委婉的说辞了，至于究竟会引起什么样的后果，他便无从得知了。

每个企业都会有招聘新员工的时候，并会残酷地淘汰一大批的求职者。作为公司的面试官或领导，总是免不了说"不"。在这个时候，面试官或领导就需要摆足自己的官架子，选择最恰当的方法拒绝求职者的申请。

招聘过程需要严格按照流程走，在招聘过程中人力资源部最好保持中立的态度，然后再根据用人部门的需求确认对方的入职时间等信息。这样就能够避免很多不必要的麻烦。

张增光公司的决定虽然欠妥当，但最后那封拒绝的电子邮件也说明了情况,却充满了人情味。

作为一个负责选拔人才的招聘人员,求职者到底是不是最适合的人选,你没办法在第一时间就有定论,所以更没有办法直接回答他的问题了。

这个时候,你可以选择回答他,但要选择用避重就轻的方法。比如你可以这样说:"我们会在面试结束之后通知你的"或者"我们会在一周之内给你信息"。给对方一种期待总比直接当面拒绝要好很多。我们建议遵循两点原则来避免面试中的尴尬。

一是坦诚告诉对方结果和原因。比如,"很抱歉,虽然你很优秀,但我不得不遗憾地告诉你,你没有被录取。因为这个职位的压力大一些,每月至少出差三四次,所以还是招聘男生比较方便。"

这样一来,就算是面试失败,也不是因为能力的问题,被拒者也不会在心理上留下什么阴影,并节约了时间。而有的面试官,只说结果不说原因,这就难免会出现与面试者产生矛盾的情况。

二是适当比较,让面试者之间找出自己的差距所在。比如:A同学活泼开朗,B同学性格稳重,两人专业成绩相当,出类拔萃,但最终A被录取,B没有被录取。

当B问其缘由时,面试官微笑着说:"经过几次面试的了解,我们发现你的性格比较稳重,适合决策性质的职位。但此次招聘的职位是公关类的,需要性格活泼一点的人来任职。这样吧,我们先留下你的资料,如果有合适的职位,再与你联系。"听到面试官这样的"拒绝",面试者还有什么理由继续追问呢?

拒绝同事的非常规借贷

中国有句老话叫"亲是亲,财是财,亲兄弟明算账"。无论是朋友、同事还是亲属和邻里,一旦有借贷关系发生,从法律的角度来讲,两者之间就只存在着一种关系,那就是债权和债务的关系。只是在很多时候,我们往往会把情义放在第一位,从而忽略了借债还钱的道理,如此,吃亏的只能是自己。

梁莉和孙小玉在同一家广告公司上班，两个人在工作上是好同事、好搭档，在生活中又是知心的好朋友。情同姐妹的两个人，无论做什么事情，梁莉都会和孙小玉一起出现。

一个休息日，孙小玉打电话给梁莉，说自己的项目组在下月要主持召开一个盛大的产品发布会，因此自己需要一条比较正式的长裙，所以要梁莉陪着她一起去逛商场。本来已经到了月底，梁莉自身又是一个月光族，所以现在她并不是很愿意去逛商场。不过，看在好姐妹的面子上，梁莉觉得陪朋友也是应该。

在逛遍了城市的大小商场之后，她们两个人不经意间走进了一家高档服装店，商品上的价格标签让两个人看到后吓得腿软。很明显，这里并不是她们的经济实力能够消费得起的地方。

然而，橱窗里面一条红色丝质长裙吸引了孙小玉的目光。训练有素的导购小姐一眼就看出了两个人的需求，在她言语的诱导下，孙小玉很快决定把这条长裙买下来。

梁莉悄悄把孙小玉拉到一边，低声说："小玉，你可想清楚了，这样的裙子真的是你能够消费得起的吗？"

孙小玉笑了一下，拍了拍梁莉的肩膀说："我的好姐妹，我担心什么，即便我身上的钱不够，不是还有你在这里给我顶着呢吗？"

梁莉刚开口想要说什么，孙小玉就急忙走进了试衣间。不可否认，孙小玉穿上了那条裙子之后，确实显得漂亮了许多。她自己也十分满意，于是拉着梁莉一起去柜台付账。

不出意料，这条裙子的价格确实超出了孙小玉的消费能力范围。当梁莉看到她楚楚可怜地望向自己时，便明白了接下来将要发生的事情。她无奈地拿出自己的信用卡，狠心透支了这个月的信用额度，替自己的好姐妹买下了这条裙子。

其实，梁莉不是不想帮朋友。长时间的接触让梁莉很明白孙小玉的处世风格，她是一个花钱从来不眨眼的女孩子，跟朋友借钱消费那是家常便饭。可是梁莉是一个拿着固定工资养活自己的工薪阶层,如此不菲的消费着实让她心疼了一把。

事情已经过去两个多月,两个人整天低头不见抬头见,可孙小玉似乎已经完全把这件事情忘在了脑后。梁莉的心里总像是堵着一块什么东西一样,有苦却说不出。

这一天,两个人在电梯里相遇。梁莉决定鼓起勇气说出自己的心里话。"小玉,怎么不见你穿那天我们一起买的那条裙子了呢?"梁莉先从旁敲侧击开始问起。

孙小玉眨了眨眼睛,若无其事地说:"别提那件事了,裙子买回来我就穿了一次。我老公说不适合我的身材,我直接把它当废品处理掉了。"

梁莉一时语塞,脑袋像是短路般不知道应该说什么好。直到电梯开门的声音响起,她才明白,原来孙小玉根本没把这件事情放在心上。自己的血汗钱想要要回来,几乎不可能了。

其实,在生活中,谁也免不了向公司同事开口借钱。问题的关键是有借有还,才能维持自己的个人信誉。而我们在自己的经济能力范围之内帮助朋友,也是理所应当的一件事情。

只是如碰到如同孙小玉一般的人,在借给她钱的时候,你一定要多加注意,必须考虑到对方是不是能够及时还债。若是不能,那你就要想办法拒绝对方的要求,同时还应该尽量做到不伤感情才是上策。

借钱容易要债难。债务问题处理不好,不但让你心中不爽,搞不好还伤了大家的和气。对有些人来说,你的借款不但在关键时刻帮助了他,而且还能够很直接地维系了同事关系。但对于有些人,你的借款就是得罪他的开始。

因此,往外借钱的时候一定要三思而后行。立下借款字据是很有必要去做的一件事情,这样既是对你负责,同时也是对你们的同事关系负责。然而即使这样,依旧有很多非常规的借贷发生在你身边。

此时,你应该怎样去处理呢?

坚持救急不救穷的原则。谁都有着急用钱的时候,作为同事,在有难的时候帮上一把,对方一定会非常感激你。可是,如果对方仅仅是因为经济上的贫穷而借钱,你就应该坚持"救急不救穷"的原则。毕竟,你的钱也是辛辛苦苦挣来的,对方贫穷定有他个人方面的原因。授人以鱼不如授人以渔,所以,此时的拒绝更是为对方的长远而考虑。

长痛不如短痛,委婉拒绝是上策。如果你的同事向你借钱的时候,你并不是很信任他或者对他将要从事的事情并不期待的话,最好在他借钱时直接婉言拒绝。也许,这样会伤害你们之间的感情,但如此短痛总比你回头要不回来钱的长痛要好很多。

而且钱没有借出去之前你完全掌握着主动权,借出去之后就很难控制了,到时候被朋友骂不讲义气,钱还讨不回来,这完全是给自己找气生。

表达自己的同情,用经济实力的底牌拒绝借钱。对于无法正面回绝的问题,最好的方式就是采用迂回战术。你可以先对对方表示同情或者赞美,想办法让自己和对方在心理上拉近距离,然后再委婉表达出你自己的经济实力其实也很不济。如此一来,相信对方能够明白你话里的意思,他也就不会缠着你继续借钱了。

一拖再拖,用"善意的谎言"编造拒绝之术。对于没有信誉的人,你本不想借钱给他,可又受不了他的死缠烂打。那你不妨先答应下来,然后采取必要的拖延战术。等到一段时间之后,他再急着催你借钱给他时,你可以编造一些理由,告诉对方你也碰到了急用钱的状况,以其人之道还治其人之身。当然,最后要记得向对方说声抱歉,以免伤了和气。

遇到同事借钱,而自己又实在无力帮忙的情况,坦诚说明客观情况,直接拒绝不失为一个好的方法。作为同事,他定会理解你目前所处的尴尬境地。这样做不仅不会伤害彼此的感情,还能够赢得对方的理解。这才是上全之策。

拒绝客户的无理要求

随着消费时代的到来，人们无论在哪里都会受到"顾客就是上帝"的待遇。也因此，当"上帝"百般刁难或提出一些无理的要求时，让服务行业就业者苦恼不已。

身处于服务行业，有很多人都会被"顾客就是上帝"这句话影响。有时候，虽然他们在竭尽全力地配合着客户的想法，但是客户不怎么配合，更有甚者会无理取闹。这时候，我们该怎么办呢？

李冬在一家设计公司做设计师。他的专业是装饰设计，专业能力非常扎实，所以在千军万马过独木桥般的应聘竞争中，李冬以绝对的优势胜出了。本以为自己找到了能施展拳脚的地方，可在接了几次装饰设计订单后，李冬才真正明白"顾客就是上帝"的另一层意思。

一次，在给客户做店面设计时，李冬从最初的创意方面、橱窗设计图纸到执行时选材和用料，都一一耐心地和店主沟通。在当时，客户也没有挑剔什么，李冬不禁暗自庆幸，终于遇到了一个有慧眼的"上帝"。

按照合同要求，客户要先交50%的定金，等到工程完工、验收合格后才会结算剩下的款项。一切进度就按照自己规划的那样正常运作，可当在验收单上签字时，客户便开始挑刺了，原因是装修工人在施工时无意将门板刺出一个芝麻大小的洞。

在李冬看来，这是工作中不可避免的小失误，根本不影响整体的装修效果。但客户不这么认为，他认为这是李冬工作的失职，不会验收的。就此，客户开始了和李冬所在的装饰设计公司之间的拉锯战。

为了解决这个小问题，李冬向客户承诺自己会掏腰包把门板重新用油漆刷一遍，以保证顾客进店时不会注意到如此小的缺陷。然而客户不但要求更换整个门板，还要公司承担由于延时装修而带来的经济损失。看到客户如此坚持，李冬没有别的办法了，只好把情况汇报给了公司。

公司知道后，派主管出面向客户道歉，并对李冬在工作中的失误提出了批评以及做出相应的惩罚。此外，主管承诺会主动为店家更换一扇新的门板。主管以为这样的处理方式算是完美了，可客户还是不依不饶，让公司赔偿自己的经济损失。如果不赔偿的话，他是不会验收的。

面对如此难缠的客户，主管拿出当初和店主签订的合同，然后说："'顾客是上帝'是我们公司一直遵循的宗旨，但作为上帝也应该考虑一下我们的承受能力。如果严格按照合同内容来说的话，公司的装修失误完全是在国家法律规定的范围之内。如果你再不依不饶的话，那可能连最基本的赔偿都得不到。说不定，还需要你支付我们违约金。"

不占理的客户被这番话镇住了，经过一番思量，接受了主管的建议，这件事才算是有了了结。

事后，主管意味深长地拍着李冬的肩膀说："年轻人，我知道你是想要做出最好的设计方案，想让自己和客户都满意。可是，你首先要明白，'顾客是上帝'，这句话不完全对。站在顾客或公司的角度来说，都希望装修效果达到最好的一面，公司会为工作失误埋单，但这是有底线的。在涉及公司利益的时候，要懂得用恰当的方法去拒绝客户的那些要求。只有这样，我们才能坚守住自己的原则而不受到外界的影响。"

听到主管的这些话，李冬才恍然大悟，意识到自己行为的错误。再有这样的事情，他就不是一再忍让，而是懂得有原则地拒绝了。

很多时候，造成公司和客户之间出现矛盾的原因大多是沟通不到位。试想一下，如果站在公司的立场上，那公司就会为了维护自己的利益而不愿意让步。如果站在客户的立场上,又想要让自己的钱花得物超所值。此时,沟通就格外重要。

事实上,面对客户的无理要求没有那么难。我们除了沟通解决,还可以避开对方的要求,引导其走一条双赢的道路。

张盛和李伟各自经营一家小超市,两家人生意红火,不分上下。可一件事情的发生,让两家的生意有了天壤之别。

某天,一位老顾客从张盛和李伟的小超市各要了15箱啤酒,准备办喜宴,他的儿子马上就要结婚了。事后,这位老顾客也来他们的小超市买过东西。张盛就问:"您那么多箱啤酒都喝完了?"

"没喝完!剩下的自己喝吧。"老主顾与他寒暄了几句,买了东西就走了。大概过了三个月,老主顾拉着空的啤酒瓶和四箱啤酒到张盛店里,要求退了。张盛一看,这几箱啤酒已经过期了,怎么能退呢!

于是,张盛有些生气地说:"这卖出去的东西都几个月了,而且还过期了,你这不是砸我生意吗?"听完这话,老顾客头也不回地离开了。自此以后,再也没去他店里买过东西。

同样的,老顾客也来到了李伟的店里,把没喝完的啤酒也拉了过来。"老板,能不能把上次没喝完的啤酒给退掉啊?我这几个月都在儿子家,也没有回来。"

李伟笑了笑,没有说话。老顾客见他笑了,急忙说:"老板,帮帮忙吧!在你这儿买的啤酒还剩下四箱,帮我退掉吧!"

李伟再次笑了笑,还是没接话。这时,老顾客有些傻眼了,说:"老板你倒是说句话啊,行就是行,不行就是不行。"

李伟再次嘿嘿一笑,接过老顾客的话茬反问道:"大爷,如果你是老板的话,会不会给退掉?"

老顾客愣住了,没有说话。接着,李伟继续说:"大爷,咱当初说的是如果用不完,在一周内可以退掉的,对不对?"

老顾客点了点头。

李伟说:"啤酒也是有保质期的,时间长了口感就不会好,甚至会变质。这几箱啤酒放了这么长时间,如果我给你退了,哪位顾客买到了,那肯定会来找我的。一次还好,如果每个人都来找我,那我的生意怎么办呢?你说呢?"

老顾客想了想说:"是这个理儿,你都这样说了,那我就不退了。""谢谢您的理解,过期的啤酒可以洗头发,擦冰箱,还能浇花呢!你也不算浪费。"听李伟这么一说,老顾客心里也舒服一点儿了。等老顾客临走时,李伟从柜台下面拿出一个精致的打火机,说:"这个小礼物送给您,谢谢您的谅解。如果有什么需要,再过来。"

一看李伟"服服帖帖",老顾客也喜笑颜开:"一定再来,一定再来。"

面对老顾客的无理要求,张盛和李伟有着不同的处理方法。张盛不分析问题,直接拒绝,给人一种冷冰冰的感觉,导致老顾客不再光临。而李伟虽然也拒绝了对方,却用了一些拒绝技巧,不仅没让顾客因拒绝生气,还让顾客走时心花怒放,可谓两全其美。

首先,这种事情是可以预防的。要让顾客知道,除了特殊商品售出概不退换外,其他商品可以与顾客约定,在多长时间内可以退货,要保证包装无破损等。

对待那些找上门来,并提出无理要求的顾客,店主要保持一个良好的态度。不要反应过激或恶语相向,最好能引导顾客换位思考,让他们站在店主的角度来想问题,想他们自己的要求是否是合理的。

此外,顾客的要求要是得不到重视或解决,可能会有点落差,此时,我们不妨送点小礼物安慰一下,不要给顾客留下"生硬死板"的印象。

其次,当顾客的要求遭到拒绝后,心情一定会很糟糕,甚至会对你加以指责。对此,你要表示理解,接受对方的指责,但必须要让他明白:拒绝是对事不对人，同样的事情，换作是别人，你也会用同样的方式来解决。

千万不能中了对方的"激将法"。比如顾客说："我就知道你没有这个能耐。""早就听说你的为人，今天看来，还真是这样。"此时，你只要报之一笑就好，不用理会。

最后，如果你真的无法满足对方的要求，还可以用"微笑"来对待。微笑是世界通用的语言，以笑容与人接近，即便是对方的情绪不稳定，但也会因你的微笑不那么暴躁。俗话说得好："伸手不打笑脸人。"微笑既能缓和紧张的情绪，不使顾客显得难堪，又能避免彼此因言语交流问题惹的麻烦，取得"此时无声胜有声"的拒绝效果。

商业谈判时的拒绝技巧

商业谈判的目的性决定了在谈判中到处都存在说"不"的机会，有时对方提出的要求或观点与自己不一样或相差很大，这就需要你去否定和拒绝。

有的人说："谈判正如拳击，出手打中对手要害，缩手一定是为了蓄势待发。"只有知道如何选择恰当的语言、方式和时机，而且给别人留有余地，巧妙地说"不"，才能让谈判达到双赢的效果。那么，在商业谈判过程中，应该如何说"不"，才不会导致谈判陷入僵局，又能让自己赢得主动地位呢？以下介绍几种最常用的方法：

1. 直接拒绝法

直接拒绝并不意味着生硬拒绝，而是在维护良好的氛围的前提下，把拒绝的意思表述得更为直接和简洁。譬如说，在对方打算趁机冲破你的心理防线时，你不如以"没有这样的先例"作为理由，直接而巧妙地拒绝对方。

2. 提出附加条件法

强硬地拒绝对方，很可能会恶化双方的关系，甚至导致对方对你的攻击。在拒绝对方前，你不妨先要求对方满足你的一个条件作为交换，如果对方能满足，则你也可以满足对方的要求，如对方不能满足，那么你也就无能为力了。

国外银行的贷款发放人员就常常用这种方法，来拒绝向那些不合格的发放对象发放贷款。

日本某著名医院的院长，在创办该医院时，还是个一贫如洗的医学院毕业生。他去向银行借贷时，银行的主管对他说："如果你能从亲戚朋友那里获得一些不动产或有价证券做担保，或者有著名的大公司做担保的话，我一定批准你的贷款要求。"

这是一种留有余地的拒绝，它的好处在于，既拒绝了别人的要求，又为自己留下了后路，还不会破坏自己的形象和彼此之间的合作关系。

幽默拒绝法。在谈判中，有时会遇到不好正面拒绝对方，或者对方坚决不肯让步的情况，此时不妨用幽默法来拒绝对方。

某化妆品公司的产品经理到合作工厂抽检产品，在抽检中发现有分量不足的产品，便趁机以此为筹码不依不饶地讨价还价。

工厂代表听后，微笑着说道："美国有一家专门为空降部队生产降落伞的军工厂，产品不合格率为万分之一，也就意味着一万名士兵将有一个会因降落伞的质量而牺牲。这样的结果是军方所不能接受和容忍的，于是，他们在抽检产品时，提出让军工厂的一个主要负责人亲自跳伞。据说从那以后，产品的合格率就达到了百分之百。"

说到这里，工厂代表顿了顿，接着说道："如果你们提货后，能将那瓶分量不足的洗发水赠送给我，我将与公司负责人一同分享。要知道，这可是工厂成立8年以来首次碰到使用免费洗发水的好机会！"

工厂代表并没有直接拒绝对方的要求，而是根据对方的要求或条件推导出一些荒谬的、不现实的结论来，从而否定了对方的要求或条件。这样的拒绝不仅转移了对方的视线，还充分阐述了拒绝的理由。

第三节　日常生活的拒绝秘笈

拒绝他人时的面部表情

脸是最能表达情感的地方，我们在电视里往往会看到一些国家领导人或国会议员被质疑的表情，他们貌似都以面无表情的脸来极力地压抑着自己的情绪。他们的脸仿佛是扑克牌，而且可以很好地实现拒绝沟通的效果。

如果有人委托你做事，而你却想用很少的语言来回绝他，那么，表情就是最好的选择。一般情况下，人们需要经过这样的三个阶段才能达成有效的沟通：

首先是面部表情表达阶段，是指人的感觉器官接受来自表情的信息后而达成相信或不相信对方的判断。如果你能在这一阶段让对方接收到你给的刺激，就会在对方的心底形成或好或坏的首要印象。在大多数情况下，人们会在这个阶段努力接受对方的。

其次是语言表达阶段，这个阶段通常发生在认知之后。通常情况下，对方通过言辞来对你个人进行评鉴，例如，此人很有趣，或很健谈，或想法独特等等。

再次是引发动机阶段，这个阶段通常是在肯定的材料积累到某种程度的时候才发生。往往到这个时候才会产生要不要付出实际行动的念头。如可以与其工作、希望和他工作或一定要和他做朋友等。

所以，如果你想拒绝对方，在第一阶段就表现出不想沟通的姿态是最为有效的。此时，表情含糊的扑克牌脸是最好的方式，相比进行到第二或第三阶段来说，更容易令对方明确意识到被拒绝了。

相信很多人都曾经在电视或电影里见到过这样的镜头：一个主人公不喜欢的人，去向主人公求助。假如主人公对他不理不睬，那么这个人肯定会因为始终不能与主人公交流，就只好悻悻地离开。

有一个教育评论家曾带着苦笑说："再没有比演讲完了，提出'有什么问题没有'后的几分钟，更令人难受的了。有人发问还好，但无人举手，全场鸦雀无声，则站在台上会有不知如何自处之感"。

由于他从事教育评论工作，故常有一些组织的集会邀他去演讲，而以女性为听众时，这种沉默最令他不知所措。在刚刚开始他会开开玩笑，但是时间一长，在一群听众当中，居然连一个发问的人也没有，这种现象会令他觉得自己的演讲非常失败。

所以，有效使用沉默，可以不必明白说出"不"字，也能把"无言的不"传达给对方了。

使用"无言的不"时应特别注意的是要站在对方的立场听话。从上述教育评论家的例子可知，一个人面对看来一直注意听他说话的对方，一旦有机会发言却一句话不说的情况时，会思考那沉默的意义。大部分的人都会这样想：就是对我所讲的内容有反对意见却不知该如何说出来。

一般说来，交谈中的沉默，有单纯作为休息的沉默，为了思考的沉默和为等待对方下一次发言的沉默三种，而其中最多的是为思考而做的沉默。可见交谈中的沉默，多为"我正在想该说什么"的表示。如果沉默的人，是刚才很注意听你说话的人，那么，他是为思考而沉默的可能性就更大了。

在这里，一个碰上对自己的发言以沉默来回答的人，会开始想刚才所讲的内容是否对方难以了解而努力把新的情报提供对方，以期使对方了解。对方又注意听你提供新情报，然而依然保持沉默没有反应，于是再提供情报。如此重复再三，我们就会得到这样的结论：对方的沉默，是在思考如何对我的意见说"不"。

拒绝他人时的高冷神态

很多时候，我们无法拒绝别人，就是因为关系太熟，熟得彼此之间都很随意。假若我们换一种高冷神态，那么，立即就会产生一种拒人于千里之外的感觉。

有句话说"你对别人客气,别人才会对你客气",不无道理。你对别人客气,他自然觉得有距离感,觉得你对他有防备之心,自然不会轻易打扰你。

对人客气能够在自己和他人之间形成一道天然的屏障,你客气了,别人就不会以随便的态度对你,这是一种无形的拒绝力量。当然,对人客气不是要拒人于千里之外,它仅仅只是一种自我保护方式,一种顺应本心的呼唤,一种成熟的人际交往技能。

小艾毕业有五年了,在广州某企业找到了一份行政工作。毕业之初,小艾是个见人就熟的人,而她的工作需要经常与人打交道,这样的个性让她在工作中吃了不少的亏。

因为她年纪最小又是新人,平时同事有个什么小事情都会麻烦小艾,说是为了锻炼她,多给她一些机会。小艾也觉得这是同事们在关照自己,非常乐意去做这些小事。在这个过程中,她得到了大家的信任和喜欢,很快便与大家熟络了起来。

开始的时候,小艾不觉得有什么不妥,自己是新人,大家交代自己办事情是理所当然的。关系那么好,她也不好意思去拒绝别人。可时间一久,麻烦就出现了。

随着小艾自己本职工作逐渐上手,公司分配的任务越来越重要。她一方面要完成自己手上的工作,又无法拒绝那些年长同事所交代的各种"小事",从订饭买咖啡,到一份还没完成的收尾工作。但这些小事情积累起来也很浪费时间,小艾常常忙得顾不上吃饭。

后来,小艾实在分身乏术,她决定不能再继续像以前那样来者不拒了。她一改往日的见人热情的作风,上班不闲聊与工作无关的事情。午间休息时间,她也以工作太忙为由,尽可能地与身边同事保持距离。大家有所察觉,也目睹了小艾的忙碌,下意识地也不再去麻烦小艾。

小艾也不断在总结出同事相处的诀窍,她非常清楚,对人客气并保持一定的心理距离,不仅是对对方的尊重,也是一种无形的拒绝力。

在刚刚接触工作的时候,有的人会主动揽下许多事情,以辛苦的劳动来博取好感,赢得大家的认可,以便尽快融入集体中。实际上,这样做有好处也有坏处,好处自不必说,坏处就是一旦大家关系熟络起来,很可能就会变得很随意,凡事都不会跟你客气。

在生活中,我们一定要搞清楚,同事就是同事,朋友就是朋友,不要以对待朋友的方式来对待同事,否则你就会惹上不必要的麻烦。

总之,对人客气可能会让人觉得你这个人有距离,但这样也会为你拒绝很多你无法拒绝的麻烦。我们无须过于迎合他人,对每个人客气,保持适当的距离,让别人的无礼要求在说出口之前就打消念头。

拒绝他人时的眉毛动作

在社交场合里,一个人的五官会告诉我们很多秘密。可一般情况下,我们只注意到了眼神的变化,却忽略了眉毛的变化。其实,眉毛的变化也有大玄机和影响力。

眉毛是属于面部的一部分,是五官之一,那它自然占据着与其他器官一样的地位。换句话说,眉毛所反映的信息和眼睛、鼻子、嘴巴反映的信息一样重要。在交谈中,如果对方比较善于隐藏,除了眉毛外其他部位没有什么明显的变化,那我们就得注意眉毛的变化了。

心理学家认为,眉毛的动作是与生俱来的。早在远古时期,人们就开始用轻抬眉毛向距离自己稍远的人打招呼,以表示问好。到了现如今,眉部动作已经变得较为丰富了,除了向人表示问候以外,还有以下含义。

在交际场合,一个人单眉上扬,就说明他对他人的话表示不理解、心存疑感。如果是双眉上扬,就说明他对他人所讲的内容很感兴趣,对他人的观点表示赞同和感到欣喜。

如果一个人的眉毛迅速上下活动,一副眉飞色舞的样子,就表示他的心情很不错。与其交谈的话,也会受到感染,从而产生强烈的心理共鸣。

如果一个人在听到对方的话时,皱了皱眉头,就说明不想听对方继续说下去,暗含拒绝、不赞成对方想法的意思。这时,一定要改变策略,以免让自己陷入困境。

如果这个人的眉角明显下拉,就说明他对别人感到嫉妒、气愤和懊恼。此时,你不要再多说什么,以免遇到他爆发的时刻。

也就是说,我们在拒绝他人时,如果时常皱皱眉头,就能把我们心中的意思明确地表示给对方。假若这人还不识趣,那么,就可以用语言毫不客气地直抒胸臆。

拒绝他人时的眼神交流

眼睛是心灵的窗口,最善于传递情意。在交流的过程中,人们往往会以积极的眼神去交流。相信很多人都受到过这样的礼仪教育:在和别人交流的时候,一定要看着对方的眼睛,这样做一方面表达对对方的尊重,另一方面也有利于情感的交流。

有一名推销员在刚刚参加工作的时候,不是很在意这方面的事情,所以业绩并不好。有一位顾客去店里买车,他向顾客详细地介绍了一款车,在即将就要签单的时候,顾客却掉头走了。

推销员很困惑:"自己到底在什么地方得罪了他呢?"他特别想搞清楚这个问题,于是便唐突地打电话过去,问那名顾客为何要改变主意。

那名顾客也非常坦率地回答他说:"年轻人啊,你特别不专心,我认为你好像并不关心你所卖的车,你看起来貌似很了解它们,然而你在和我讲车的时候,还在跟另一位同事聊昨晚的球赛。我想,你实际上可能是在用胡言乱语敷衍我。我不敢断定,你所说的话是不是真的,也许那些话都是你临时起意,胡编乱造的花言巧语罢了。"

事实证明,缺乏眼神交流,不利于沟通。如果你想让人接受,就要积极地与人展开眼神的交流。相反，如果你需要拒绝，则要尽量避免眼神交流。躲避对方的眼神，这看起来似乎是一种不好意思的习惯性动作。而事实上，它更多表明的是一种拒绝的态度。

两眼相对，意味着双方之间积极的交流和接受。这件事对拒绝来说具有重要意义。想说服的一方当然热心地看着你的眼睛寻求碰上你的视线。他想透过眼睛把自己的要求送入你的心中。

注视往往代表着热心，注视能够加强说服的力度。你也可能会因为对方饱含深情的眼睛而动容，最终接受对方谈话内容。

所以如果你要说"不"，就尽量不要对上对方的眼睛。有沟通大师认为，最难交谈的对手就是不看对方眼睛的人。

你如果想要尽快结束谈话，便可避开对方的视线或低下眼睛，来诱导对方的视线移开，接着交谈自然而然就躲开了。有的人或许使用过这样的方法，结束不愿听的冗长的牢骚话。这种视线游移，可以表示心不在焉。很显然，这会让说话者失去诉说的兴致。

根据一些研究人员观测，人在遭遇视线碰撞的过程中，会产生紧张的心理。这样的紧张会衍化成两种不同的情况：要么变得积极、热情，要么变得不安、焦虑。

仔细观察生活中一些现象，就会发现确是如此。在餐厅吃饭的时候，一个正在吃饭的人，无意间对上邻座一个滔滔不绝的客人的视线之后，这名客人动作就会在突然间变得生硬起来。这是视线碰撞导致紧张，而衍化成不安的情绪反应。

平时说话滔滔不绝的人，一旦站在人群面前，就变得结结巴巴。

有些人平时说话不多，但是站在讲台上，面对众人瞩目，激情四射，口沫横飞，讲起话来特别有力量。

这些例子告诉我们，一个人只要意识到别人的视线锁定在自己身上，就会有紧张感，可能导致不安情状，也有可能导致积极情状。

站在舞台上的人，和无数人的眼神对撞，如果情绪调节不善，便可能因为紧张而陷入不安当中。经过学习和训练、调整，可以让人消除和转化这种不安，但是紧张的情绪则不容易消除。

基于此，在拒绝时，你可以多用闪烁性的眼神，时不时地与对方的视线对撞。但一定要注意，在视线碰撞中，不要被对方的眼神吸引住，形成注视。注视会激励和鼓舞对方说话，那样的话，你将面对对方的滔滔不绝，变得疲于应付。

人有意向与他人交流时，都会习惯寻找对方的眼神，就好像植物寻找太阳的光线一样，目的就在于更加顺利地交流。如果眼神游移、闪躲，则会让人失去焦点，很难专心交流。

若你有足够的理由拒绝对方，那么你可以用坦然的眼神看着对方，说出你拒绝对方的缘由。然而，如果你找不到更好的理由来拒绝，则可以躲避对方的眼神。对方从你的闪烁眼神中，就可以看出你的态度。

眼神的游移和闪烁，表达内心的不确定性和感情的羞愧，同样这种眼神也可以为我们下面要说出来的拒绝话语做预热。当对方看到你的眼神不定的时候，他的心中通常都会产生不妙的感受，这种预热可以让对方很好地接受接下来的拒绝，这样也就没么尴尬了。

有的时候，甚至不需要将拒绝的话挑明，仅仅飘移不定的眼神，就能让对方不好意思将要求说出来。当然，也有人没那么知趣，他可能明知道你的这种动作背后的意思，却故作不知，继续向你提出要求。这时，你可以将拒绝挑明。

你如果无法避免眼神的交流，可以用无可奈何的笑容来表示拒绝，实际上这种办法要比躲避对方的眼神要好一些，至少这会让对方感受到你的真诚。但是这种办法的缺点也很明显，它会让对方觉得你有意帮忙，却因为某些原因无能为力，因而对你进行其他的请求。

逃避对方的目光，用在拒绝之中，还有一个好处，就是让你更好地把"不"说出来。你也许有过这样的困扰：在对方热切的目光下，你会发觉自己突然丧失了所有的勇气，"不"已经到了嘴边，可偏偏吐不出来。

这就等于在视线碰撞中，你更容易落入下风。你的紧张感没有成为积极的态度，为你加强拒绝的气势，反而转变成了焦虑和不安，这当然不利于你的拒绝。

被人盯着，难以说出"不"，怎么办呢？在这个时候，你可以站起来到处走动走动，或者转身去做别的事情，或拿一个东西，把脸背过去，这样"不"就可以简单地说出来了。譬如，一面递茶给客人，另一面从背后或旁边开口说："那件事的确是有难度……"

实际上，在生活中我们都有这样的习惯性行为，目的就是为了避免视线碰撞不方便自己的拒绝，只不过我们没有注意到这一点罢了。我们往往习惯于从别人背后冒出来，拍对方的肩膀说："明天不能去你那里，非常抱歉……"我们发现这样拒绝不仅很容易说出来，也能避免强烈的视线碰撞所导致的紧张感。

拒绝他人时的动作语言

在表达拒绝的时候，如果想要达到目的，就不能只想一次就成功。在很多时候，你需要强化自己拒绝的意志，坚持到底，才能真正实现目的。说"不"并非是一件那么容易的事情，当你看着委托者乞求的眼光，当你的心里想着人情义理，当你想象到自己说出来的那些拒绝的话语，对方脸上显示出来的深深的失望……

想到这些，原先想说"不"的决心，就会发生动摇。有的时候，在这些想法的逼迫下，居然把原非本意的"是"说漏了嘴，以至于后悔莫及。

为了不导致这样的失败，从头到尾贯彻"不"的意志，我们一定要学会通过外部的动作来强调"不"的力量，我们经常会从孩子身上看到这样的现象：

原本并不是很伤心，但为了引发父母的注意，假装哭泣，最后真的哭出来了。孩子首先用自己的小手捂住眼睛，发出呜呜的声音，摆出一副要哭的样子，然而，毕竟是假哭，很容易就会被人看穿，那该怎么办呢？

孩子就会想，到底该怎么做才表现得更真实，甚至会去想怎么才能真正哭出来，接着去模仿哭泣。过了一会，孩子会莫名其妙地沉浸在哭泣的氛围中，心里真的充满了悲伤。最后，假哭就变成了真哭。

美国心理学家威廉·杰姆士说："感情能以动作的调整，予以间接的调整。当你失去快活时，最好的恢复快乐的方法，便是装成快乐的样子行动、说话。"他认为，给人的身体以刺激，身体便能产生反射性的变化，其结果产生感觉，引发悲伤或欢喜的感情。

行为在引导感情这个理论，后来被各种实验所否定。不过这种认识依然被普通大众所相信，成为研究生理和感情之间关系的基础。

事实上，所有的人都会通过动作来加强自己的表达能力，当然在拒绝的时候，采取动作也同样可以增强拒绝的意志。所以，为了贯彻"不"的心意，我们可以不断确认自己的心意，并通过些必要的动作来予以加强。比如，倾斜身体，侧身对着对方，可以加强你说"不"的气势。

当你要说"不"的时候，倾斜你的身体，侧身对着对方。采取这个姿势，即便你不说话，气势也已经把你的"不"的意思传达给了对方，可以说明你的"不"并不是随便说说而已。

如果你采用倾斜身体的非对称姿势面对他人，会给对方造成坐立不安的感觉。该动作源于战斗姿势，在不少的武术当中，都有使用这一姿势迎敌的。当你将自己的身体侧对某人，就有一种迎战的意思在里面。在拒绝的时候，如果采取这个姿势，表达拒绝和对抗的态度会十分强烈。

除了用侧面对人说话可以加强个人的气势之外，另外还有一些其他的动作也会产生类似的效果。当我们遭受侵犯的时候，我们的身体会出现一些表达否定意义的动作。

刚刚开始的时候，摇晃着上半身，移动脚部，用脚尖踩踏着地板。这些动作是属于第一个阶段，它在暗示："你靠得太近，我会坐立不安。"

然后，闭上眼睛，收起下巴，弯下腰，用这些动作来暗示："你在这里会打扰我，你已经侵犯了我的领域。"

有心理学家认为，在遭遇他人的入侵，自身感到不安和防备的时候，每个人都会有类似的行动。这些行动在强化我们内心的"拒绝"意识。所以，对于缠住你不放的依赖者，不妨先摇晃你的脚，或用脚尖踩踏地板，接着闭上眼睛，收起下巴，用这样两个阶段的战术将他赶跑吧。

除了这种略显侵略性的动作之外，还有一种显得较为柔弱的动作，也有极好的拒绝效果，那就是表现自身身体状况不佳的动作。

记得在一部外国电影里有这样一场戏：一对感情几乎接近冰点的夫妻，丈夫事业至上而妻子被冷落一旁，却在不断地责备妻子。

妻子早已心灰意懒，她在听着丈夫越来越激动的话语时，自己却用拇指和食指用力按了一下双眉下凹陷的地方。很多人感到疲惫的时候，这个动作经常会出现。

丈夫看到妻子这个样子，便不再说话。很明显，妻子在用自己细微的动作来表达自己的"不"。妻子在做出的寥寥几句回应中始终没有说一个"不"字，然而，最后丈夫却没有再去试着说服她，而是默默地离开了。之所以会有这种结果，就来自于她所做的按眉下的动作。

一些研究身体语言的人们认为，一般说来，一些表示状况不佳的动作是拒绝交谈的意思。比如，扭脖子、擦眼睛、轻按眼睑、拍肩膀、揉太阳穴及按眉下的一连串动作，都可以传达出这样的一种信息。

这些动作的直接作用就是消除身体的不适症状，与此同时，也在发出这样一种信息："你说的话让我产生了生理上的疲劳和心理上的不适应，所以请你闭嘴。"也可以这么认为，如果想让对方改变谈话的内容或者赶快结束谈话：最基本的就是用动作表达出打断对方的用意。

然而，如果听者是无意识做出这些动作的话，那么就会使说话的人难以判断。在上面的例子中，如果妻子是在一面按眉下部，一面赔不是的话，那则传达出了这样的意思："本来我是想听你说的，但我的身体实在是无法适应这样的压力。"如果是有意识做出一些动作，那么拒绝的意思就非常明显了。

拒绝他人时的肢体语言

表达拒绝的意思，并不仅仅是依靠说话，身体的动作也可以，这就是有关拒绝的肢体语言。譬如,摇头的动作,就是最为常见的拒绝动作。相关理论分析指出,在新生儿吮吸了充分的奶水后,他就会左右摇头晃脑,以此表达对母亲的乳房的拒绝。

幼儿在吃饱了以后,也会用摇头晃脑的动作来抵抗长辈们喂食的调羹。人们在小时候,就会使用摇头晃脑来表达拒绝的意思,由此可见,拒绝的肢体语言,实际上要比口头语言出现得更早。

诚然,拒绝的肢体语言绝不仅仅是摇头。在拒绝的时候,假如可以适当地采用肢体语言,就可以加强拒绝的效用。以下为大家推荐几种有效的拒绝姿态和动作,

正襟危坐,挺直腰身

在动物的世界中,我们会发现狗、猫或猴子等动物打架的时候,它们全身的体毛都会竖立起来,膨胀的毛发让它们的样子看起来特别庞大,为何它们要会这么做呢?实际上,答案特别简单,因为它们要把自己的身体搞得貌似巨大,以便吓住敌人。实际上,人的一些行为,有时也会表现出与此类似的情形。

在比较人类和其他动物的行动的时候,可以帮助我们更深刻地理解肢体语言。譬如说,人与人打架时,面对面的两个人,往往总是在无意识中耸起肩膀,张肘使劲。使用这种方式的目的,与那些动物竖起毛发的目的没有什么区别,也是为了让自己表面上看起来高大,同样是为了彰显气势。

一位西装店老板说,他的顾客十之八九都要求不要把西装的尺寸做得太合身,而要做宽松一点。注意这是不为了穿着舒服,而是为了显得自己的体型更壮一些。我们常看到一些把外套搭挂在肩上走路的小伙子,摆开两只手走路,动作幅度挺大,其实这也是努力想让自己显得高大的一种表现。

紧张与放松交替,松弛有度

在电视新闻发布会的现场,观看主席台上的人的动作,你会发现,他们不断地交替变换身体姿态,特别是在发言的时候,有时是放松地背靠椅子,有时则眼神严厉地挺身出去,特别是面对敏感问题,被迫答辩时,即便言辞闪烁,

但动作变换会特别频繁，这样显得气势逼人。

这种松弛有度的动作，已经成为闪躲对方攻击的有力武器，在心理学上广为人知。根据美国的精神医学者阿尔巴德·谢弗林博士的研究获知，当一个人把放松的态度和认真的态度交替重复时，会使对方无从理解你的肢体语言，以致失去说服你的线索。

比如，最初采取所谓倨傲自大态度的开放性姿势，脚伸到前面去，两手在头部后面交叠。接着，过了一会儿之后，挺直背部，用身体向前面微微探出，做倾听状，面对对方。

这一连续的动作会影响对话人的注意力，导致对方目标丧失。第一个姿势是放松的、会让人觉得自己的话无趣。第二个姿势是紧张的，会让人觉得自己的话有趣。重复变换姿势，就会让对方不知道你的兴趣在哪里。

双手交叉在胸前、两脚重叠

观察地铁座位上的乘客时，常会看到一些人：双手交叉在胸前，两脚重叠。他们那种拒人于千里之外的表情，让人们都不好意思站在他们的面前。这个动作在日常生活中经常可见。

照达尔文的说法，似乎这种姿势在全世界都是表示防卫。我们常常见到老师们摆出这种姿态，在同事中间更常见到，医生在同行中也爱做出这样的姿态。小孩在反抗父母的说教时，也会这样。

这似乎是对料想到的攻击所采取的一种警戒措施，或表示个人立场的坚定不移，拒绝接受他人对自己的改变。在谈判的过程中，很多人都会采取双手抱胸的姿态，表示自己拒绝妥协的态度。

腿部动作表达拒绝和反对

孩子想要出去玩，但是被父母阻止了。"你应该预习功课。"父母对他说。"可是我看书看了很久，我想出去玩一会儿……"孩子哀求道。当父母决绝地表达了自己的意思后，无力反抗的孩子只好回到书房里继续学习。

过了一会儿，书房里传来敲打地面的声音。"你在做什么？"父母打开书房门，对孩子说。只见孩子用脚跺了跺地面，说："没什么，鞋子好像有点不合适了。"

虽然孩子没有说出心中的不满,但是他的双脚已经很明显地表达出他内心的愤怒。腿部动作在表达愤怒的情绪方面,除了跺脚的动作之外,还有踢东西的动作。

人们常常会用踢的动作来表达自己内心愤懑不平、抑郁不舒的情绪。另外,来回走动的动作除了表现紧张、焦虑和不安之外,有时也会在愤怒的情绪当中出现。

如果对方不想说话,对于你的观点不表示反对,而你却看到对方有微微跺脚动作,那么说明对方内心对你的观点其实是不同意,但他可能由于某方面的原因,不愿将反对的意见说出来。然而,他的腿部却不受控制地表达出了内心深处的抗议。

当我们焦虑或思虑的时候会来回走动,当我们生气的时候会跺脚或踢东西,当我们想要逃跑的时候腿脚会往后退缩,并且脚微微移动朝向最近的出口,等等。这些腿部的动作似乎给我们这样的一种感觉,每一种情绪都有与之相对应的腿部动作。

赏玩身边的东西

有很多这样的情形,在一个人对他人的话失去兴趣时,便不慌不忙打开报纸来看,这是非常露骨的拒绝做法。有一个评论家,每次碰到有自己不喜欢的访客到来,他就会一边与对方说话,一边整理自己的名片,这样的动作一般会让对方失去聊天的兴趣,而主动选择离开。

但是也有不少访客压根儿不受他动作的干扰,硬是不走。碰到这种人,他就开始解答周刊杂志的猜谜,想一下,写一下。对方见此,往往就不得不知难而退了。

设置闹铃,限制谈话的时间

有位公司老板拒绝他人的拜访,往往会事先在闹钟上给自己设定一个时间。因为有一种闹铃一响谈话便可结束的安心感,故能热情倾听对方的说话。过来一会儿,期待的铃声终于响了,他就会非常遗憾地说:"哦,已经到点了。我要……"这样一来，访谈就自然结束了。

拒绝他人时的口语表达

与人交往，如果遇到了令自己不满的人和事情，应该如何表达出来呢？直接说明是最简单的方法，但这很容易伤害他人，对于处理问题往往无益，甚至会使事情变得更糟糕。于是，在拒绝他人时如何表达出来，就成了我们必须要学的一门学问。

语言向来贵精不贵多。如果你想拒绝他人，一定要注意避免正面冲突，尝试用轻松的言辞表达自己的意愿，因为正面冲突往往是激化矛盾和招致烦恼的导火索；也可以通过引用名人名言、俗语或谚语等来作答，以表达出自己的意思，或表明自己的观点。

这种方式的好处是显而易见的，既增加了自己说话的权威性与明确度，又不必在解释和说明上浪费太多的口舌，还能点到为止，既能给对方留面子，使对方信服，也能有效地达到自己所要的效果。

当然，拒绝别人时点到为止，不让对方太尴尬、下不来台，还要注意以下两点：

先了解实情，再说"不"

"倾听"能让对方得到自己被尊重的感觉。在你婉转地表明拒绝他人的立场时，也要避免伤害他人，还应避免让人觉得你只是在应付。

"倾听"还有一个好处是，虽然你拒绝了他，但你可以针对他的情况，给出合理的建议。若是能提出更好的办法或替代方案，对方一样会感激你。

温和但又要明确地说"不"

当你认真倾听，弄清楚对方的要求后，并觉得自己可以拒绝的时候，说"不"的态度既要显得温和，又要非常明确。温和就是间接地表达拒绝，点到为止，明确就是清清楚楚地表明自己的立场。

用温和而且明确的方式说"不"，这要比直接生硬地说"不"，让人更能接受。一般情况下，对方听你这么委婉地拒绝，肯定会"知难而退"，再去想其他办法来解决问题。

总而言之，应该多掌握几种拒绝别人、点到为止的技巧。譬如，在为他人提某些建议的时候，安慰一下他的心情，向他表明自己的难处，激励他人勇敢地面对等。要使得别人认为你还在和他一起解决困难，让他满怀信心离去。诚然，假如有能力，还是要尽力帮助那些求助者，这是良好品格的体现。

拒绝他人的几种实战方法

在沟通艺术中有这样一种说法，叫做"多兜圈子，少碰钉子"。这种方法可以完全移植到拒绝的技巧中来。

何谓"多兜圈子"？其实就是指说话应当尽量婉转一些，不要硬生生地拒绝别人。听起来似乎跟之前所说的有些矛盾：既然要拒绝别人，最好直截了当，明确坚决，不要优柔寡断、欲语还休。既然如此，又怎么婉转得起来呢？

其实不然！如果把拒绝看做是一个让对方知难而退的钉子，那么婉转的话语则是一个将铁钉软化成为塑料钉的催化剂，有了这样一个被软化的钉子，既能够让对方明白自己的态度，又可以避免过分伤害到别人的自尊。

那么怎样才能平衡"直接明确"和"委婉柔和"的关系呢？其实很简单，我们可以采用下面几种方法：

欲抑先扬法

当好友想拜托你作为中间人，去跟另一方说明某件事情的时候，如果你实在不愿意蹚这浑水，又不好以强硬的态度拒绝，可以先假意接受，然后再进一步否决。例如："这件事如果让我去说也不是不行，只是我个人认为，如果我出面的话，事情会变得更加复杂。所以，这件事最好还是由你亲自去说，会比较好……"

故意拖延法

如果你知道对方的请求其实很急，必须马上处理，而他又没有告诉你这一点的时候，便可以采取拖延法，告诉他："这件事没有问题，不过我这两天要出差，等回来之后就帮你处理。"或："盖章？当然可以，不过现在印章不在我身上，等下周回公司之后再说好吗？"既然事情显然无法由你来完成，对方只得另谋他途。

提出条件法

这种方法的精髓在于，你告诉对方自己可以答应，但是必须附加某种条件，而这种条件又往往是对方无法实现的，凭借该条件，让对方知难而退。

例如：母亲对儿子说："我可以买遥控赛车给你，但这次考试你必须考一百分，否则免谈。"或者上司告诉希望加薪的员工："加薪没问题，不过你必须在一个月内把这个项目百分之百地执行好。"

当然，采用这种拒绝方法需注意的是，如果对方一旦实现了我们提出的附加条件，我们应承的事情，也应尽力完成。因此，如果你实在不愿意接受对方的请求，不妨将条件订得苛刻一些。

提供选择法

工作、生活当中，很多事情并不见得只有一种解决方法，正所谓"条条大路通罗马"。此路不通，我们当然可以选择另一条路。只是对于那些心急如焚的人来说，他们往往只看到其中一条道路，如果我们觉得对方所选择的这条道路实在不妥，那么可以向他们提供另外一种自己可以帮得上忙的建议。

例如："你说的方法很难实现，我恐怕无能为力。不过我有另外一个建议，你不妨试试……"

提出的建议如果对方能接受，那么自然皆大欢喜，倘若对方不接受，仍旧坚持原来的方案，那么你无法帮忙也在情理之中，拒绝起来便是有理有据，顺理成章了。

装傻回避法

避实就虚，避重就轻，是委婉拒绝的窍门。假设宴会上，对方找到你，请你帮他去找另一个人说情，而你又实在不想去，此时便大可装傻道："他在哪里？我怎么没看到？"

然后不要等他给你指明方向，立刻将话题转到别的地方去："今天宴会办得真不错，那边好像有什么活动，我过去看看，你自己逛逛吧！"说完，马上走开，避免对方纠缠。这样既最大限度地保留了对方的面子，也拒绝了对方的请求。

肢体拒绝法

除了上面所说的几种方法之外，还有一种最简单有效，而且通行全宇宙的拒绝方法，那就是沉默。就是当对方把事情讲出来之后，你什么话也不用说，只需默默地摇摇头即可。

如果前面几种委婉的拒绝法，并不适合你所处的情况时，那就可以采取这种方法了。虽然方法柔和而且什么话也没说，但是一切尽在不言中，透过摇头的动作，你的意图其实已经明确地传达给对方了。

拒绝他人时的主要禁忌

任何人都会有向他人求助的时候。在和他人交往的过程中，你可能经常会遇到这样一种情况：对方的确有为难之事有求于你，而你又承担不了，或不想插手。你想要拒绝对方，却又担心得罪他人，或是伤害他人。

如果不得不拒绝对方，我们一定要重点注意自己的表达方式和表达技巧，尽可能地避开一些拒绝的禁忌，从而减少对他人的伤害。在正常情况下，在交际中，说"不"有以下几个禁忌：

总与对方套近乎

要给人以"敬而远之"的态度，这样做比较容易把"不"说出来，而且会说得很好。所以，当对方尝试以与你套近乎的方式有求于你的时候，你一定不能昏了头，避免做了感情的俘虏，让对方有可乘之机。

在与人交往的过程中，为了表示亲近，我们常常会不断称呼别人的名字，并冠之以"兄""先生"等词语，这样更容易产生亲近感。那么，反过来，你想说"不"时，便应避开这种亲密的表示，即尽量不与对方套近乎，这样可以拉大你与对方的心理距离，让你更容易开口说"不"。

还有，在谈话时，尽量距离对方远一些，使其不容易行使拍、拉等触动性的亲密动作。据心理学家研究，"触动"是很容易产生共同感受的，所以想说

"不"时应注意避免。

另外,最好也不要触摸对方递过来的东西。东西也和人一样,一经"触摸"就会产生"亲密感",想要拒绝就不容易了。这种方法需要灵活运用,把握好分寸,千万不要让别人下不来台。当然,如果是另有居心的不善者,就要另当别论了。

忌拖延说"不"的时机

有些人觉得不便说"不",就随便找些不值一驳的理由来暂时搪塞对方,以求得一时的解脱。这个方法并不好,因为对方仍可以找理由跟你纠缠下去,直到你答应为止。

比如,你不想答应帮他做事,推托说:"今天没有时间。"他就会说:"没有关系,你明天再帮我做好了,事情就拜托你了!"

再比如,对方想把自己的旧笔记本电脑转让给你,可是你并不想要,于是推说:"钱不够。"那么对方就可能会说:"没事,你先拿去用,钱以后再说。"或者,你不愿跟对方跳舞,推托说:"我跳得不好。"那么他一定会说:"没关系,我慢慢带着你跳!"

以上这些推脱理由都经不起推敲和反驳。对付这样的情况,你倒不如直截了当地用比较单纯的理由明确告诉对方:"我想先攒点钱买一台新的笔记本电脑""我已经约了舞伴,不能和你跳,对不起"等。这样虽然会显得有些生硬,但理由单纯明快,不给对方可乘之机,可以免除后患。

忌说话绵软无力

拒绝别人时,若说话绵软无力,甚至哼哼唧唧半天讲不清楚,很容易让人产生反感和厌恶。对方很可能会认为你不是帮不了他,而是根本不想帮他,从而引起一些不必要的误会,给你的人际关系带来不良的影响。

忌优柔寡断和武断

在拒绝他人的时候,一定要坦诚明朗,绝不能优柔寡断。诚然,这并非主张在任何情况下,对所有人都直来直去地说一个"不"字,而是应该区分场合和人物的个性,既要果断又不能莽撞。

对待那些自尊心非常强又极为敏感,或是"脸皮薄"的人,我们只需要婉转地说清楚拒绝的理由,而不用直接说出拒绝的话,这样做会更好一些。

因为对方可以敏感地从你的话语中感受到你拒绝的意图,并且做出相应的反应。这种拒而不言绝、逶而不言推的方法,可以不让对方觉得丢面子,也不会让对方下不来台,更不会破坏交往的好气氛。

譬如,当朋友在你正打算出门时来拜访你,你在表示欢迎的同时,也可以补充说一句:"你来得真巧,稍晚一会儿,我就出门了!"这等于暗示对方,你即将要出门办事。假如对方是知趣的人,便会简单地说明来意,然后迅速告辞,或者另外再约时间拜访。

这比由你发出死板的"逐客令"要好很多。值得注意的是,你的暗示一定清楚明了,让对方察觉到你的真实心意。